金融发展差异、国际货币非对称与经常账户失衡

周政宁 著

西安交通大学出版社
XI'AN JIAOTONG UNIVERSITY PRESS
国家一级出版社
全国百佳图书出版单位

图书在版编目(CIP)数据

金融发展差异、国际货币非对称与经常账户失衡 / 周政宁著. — 西安 ：西安交通大学出版社，2022.5
ISBN 978-7-5693-2587-4

Ⅰ.①金… Ⅱ.①周… Ⅲ.①金融学-研究 Ⅳ.①F830

中国版本图书馆 CIP 数据核字(2022)第 079412 号

书　　名 金融发展差异、国际货币非对称与经常账户失衡
JINRONG FAZHAN CHAYI、GUOJI HUOBI FEIDUICHEN YU JINGCHANG ZHANGHU SHIHENG
著　　者 周政宁
责任编辑 王建洪
责任校对 赵怀瀛
装帧设计 伍　胜

出版发行 西安交通大学出版社
(西安市兴庆南路 1 号　邮政编码 710048)
网　　址 http://www.xjtupress.com
电　　话 (029)82668357　82667874(市场营销中心)
(029)82668315(总编办)
传　　真 (029)82668280
印　　刷 西安五星印刷有限公司

开　　本 700mm×1000mm　1/16　**印张** 9.375　**字数** 201 千字
版次印次 2022 年 5 月第 1 版　2023 年 2 月第 1 次印刷
书　　号 ISBN 978-7-5693-2587-4
定　　价 58.00 元

如发现印装质量问题，请与本社市场营销中心联系。
订购热线：(029)82665248　(029)82667874
投稿热线：(029)82665379　QQ：793619240
读者信箱：xj_rwjg@126.com

前 言

自 2001 年中国加入世界贸易组织以来，随着中国经济逐渐融入全球市场以及中国产业深度融入全球价值链，中国对外经济发展节节攀升，取得了令世界瞩目的惊人成就。本书应用理论与模拟分析方法，从金融发展差异和国际货币非对称视角出发，以期解释经常账户失衡问题。

从金融发展差异和国际货币非对称视角出发，是因为现实中几个重要问题值得深入研究。第一，自 2001 年中国加入世界贸易组织以来，随着金融全球化加速推进以及中国金融对外开放程度逐渐提升，中国金融发展取得了长足进步。但是，中国金融发展水平与美国相比仍然存在差距。金融深化通过塑造居民的储蓄和投资行为，对各国之间的资本流动具有重要影响。中美贸易顺差以及经常账户盈余在此期间不断扩大，金融发展差异在中美经常账户失衡中起到了何种作用？是否有助于解释过去几十年观察到的经常账户失衡现象？

第二，金融发展程度与居民生活息息相关。金融发展程度不同的国家，金融一体化对其短期资本流动和长期资本流动的影响如何，并如何影响到一国居民的消费和福利水平？金融发展差异影响一国居民的福利水平，其作用机制如何？

第三，改革开放以来，尽管中国经济发展取得了巨大成就，但是在以美元为主导的国际货币体系下，中国作为“新布雷顿森林体系”的外围国家，其通过出口导向发展战略向中心国家出口商品，并利用美元外汇储备购买美国金融资产。而美国作为中心国家，通过进口商品、出口金融资产来维持运转。因此，美国出现经常账户赤字，中国出现经常账户盈余。换言之，现行国际货币体系非对称是否造成了中美经常账户失衡？

本书着重研究了金融发展差异和国际货币非对称对经常账户失衡的影响，主要研究内容可以概括为四个部分：第一部分在 Corneli(2017)模型的基础上，首先，将模型简化为小国模型，在动态一般均衡的框架下讨论金融发展差异对经常账户失衡的影响；其次，将小国模型拓展为两国模型，在考虑两国相互影响的情形下，探讨金融发展差异对经常账户失衡的影响。第二部分在小国模型和两国模型的情形下，模拟分析金融发展差异对经常账户失衡的影响。第三部分在 Obstfeld 等(1995)、Bergin(2003)以及王道平(2012)的研究基础上，通过在非储备货币国家的效用函数中引入储备货币冲击的方式，分别构建小国模型和两国模型，在动态一般均衡的框架下讨论国际货币非对称对经常账户失衡的影响。第四部分在小国模型和两国模型框架下，模拟分析国际货币非对称对经常账户失衡的影响。

在本书出版过程中，西安外国语大学经济金融学院李村璞院长给予了大力支持，西安交通大学出版社王建洪编辑也给予了诸多帮助，在此一并表示衷心的感谢。

由于作者学识水平和能力所限，书中难免存在一些不尽如人意之处，恳请读者批评指正。

周政宁

2022 年 1 月 27 日

目　录

第1章　绪　论……………………………………………………………………（1）
1.1　研究背景和研究问题 ……………………………………………………（3）
1.1.1　研究背景 ……………………………………………………………（3）
1.1.2　研究问题 ……………………………………………………………（5）
1.1.3　核心概念 ……………………………………………………………（6）
1.2　研究意义 …………………………………………………………………（8）
1.3　研究内容和结构安排 ……………………………………………………（9）
1.3.1　研究内容 ……………………………………………………………（9）
1.3.2　结构安排……………………………………………………………（10）
1.4　研究方法和技术路线……………………………………………………（11）
1.4.1　研究方法……………………………………………………………（11）
1.4.2　技术路线……………………………………………………………（12）
1.5　本书创新之处……………………………………………………………（13）

第2章　文献综述 ………………………………………………………………（15）
2.1　金融发展差异与经常账户失衡…………………………………………（17）
2.1.1　储蓄-投资视角 ……………………………………………………（17）
2.1.2　国际资本流动视角…………………………………………………（21）
2.1.3　国际分工视角………………………………………………………（24）
2.2　国际货币非对称与经常账户失衡………………………………………（26）
2.2.1　国际货币体系的内在缺陷…………………………………………（26）
2.2.2　国际货币体系与经常账户失衡……………………………………（27）
2.2.3　国际货币体系改革…………………………………………………（28）
2.3　文献评述…………………………………………………………………（29）
2.4　研究方向…………………………………………………………………（31）
2.4.1　金融发展差异与经常账户失衡……………………………………（31）
2.4.2　国际货币非对称与经常账户失衡…………………………………（31）

第 3 章　金融发展差异与经常账户失衡:小国模型……………………………（33）
3.1　理论模型………………………………………………………………（35）
3.1.1　最优化问题……………………………………………………（36）
3.1.2　一般均衡与自给自足稳态……………………………………（37）
3.1.3　金融一体化稳态………………………………………………（40）
3.2　转型动态………………………………………………………………（41）
3.2.1　参数校准………………………………………………………（41）
3.2.2　模拟分析………………………………………………………（42）
3.3　福利分析………………………………………………………………（47）
3.4　本章小结………………………………………………………………（50）

第 4 章　金融发展差异与经常账户失衡:两国模型……………………………（53）
4.1　理论模型………………………………………………………………（55）
4.1.1　企业部门………………………………………………………（55）
4.1.2　家庭部门………………………………………………………（56）
4.2　总体变量的动态变化…………………………………………………（58）
4.2.1　自给自足条件下的一般均衡与稳态…………………………（58）
4.2.2　金融一体化条件下的一般均衡与稳态………………………（61）
4.3　转型动态………………………………………………………………（63）
4.3.1　参数校准………………………………………………………（63）
4.3.2　模拟分析………………………………………………………（64）
4.4　福利分析………………………………………………………………（69）
4.5　本章小结………………………………………………………………（72）

第 5 章　国际货币非对称与经常账户失衡:小国模型…………………………（75）
5.1　理论模型………………………………………………………………（77）
5.1.1　家庭部门………………………………………………………（77）
5.1.2　消费需求………………………………………………………（79）
5.1.3　厂商……………………………………………………………（80）
5.1.4　政府部门………………………………………………………（82）
5.1.5　国际收支平衡…………………………………………………（83）
5.1.6　市场结清………………………………………………………（83）
5.2　参数校准………………………………………………………………（84）
5.3　模拟分析………………………………………………………………（86）

5.3.1 脉冲响应……………………………………………………………… (86)
5.3.2 国际货币非对称与中国经济内部失衡………………………………… (88)
5.3.3 国际货币非对称与中国经济外部失衡………………………………… (89)
5.4 本章小结………………………………………………………………… (91)

第 6 章 国际货币非对称与经常账户失衡:两国模型……………………… (93)
6.1 理论模型………………………………………………………………… (95)
6.1.1 家庭部门……………………………………………………………… (95)
6.1.2 消费需求……………………………………………………………… (98)
6.1.3 厂商…………………………………………………………………… (99)
6.1.4 国际收支平衡 ……………………………………………………… (104)
6.1.5 国际储备 …………………………………………………………… (105)
6.1.6 市场出清 …………………………………………………………… (105)
6.2 模型校准 ……………………………………………………………… (106)
6.3 模拟分析 ……………………………………………………………… (108)
6.3.1 脉冲响应 …………………………………………………………… (108)
6.3.2 国际货币非对称与中国经济内部失衡 …………………………… (112)
6.3.3 国际货币非对称与中国经济外部失衡 …………………………… (114)
6.4 本章小结 ……………………………………………………………… (116)

第 7 章 结论与展望………………………………………………………… (119)
7.1 研究结论 ……………………………………………………………… (121)
7.2 政策建议 ……………………………………………………………… (122)
7.3 研究展望 ……………………………………………………………… (123)

附 录…………………………………………………………………………… (125)
附录 A ………………………………………………………………………… (125)
附录 B………………………………………………………………………… (127)
附录 C………………………………………………………………………… (129)

参考文献…………………………………………………………………… (132)

第 1 章

绪 论

1.1　研究背景和研究问题

1.1.1　研究背景

改革开放以来，中国经济取得了突飞猛进的发展，人民生活水平发生了翻天覆地的变化。自 2001 年中国加入世界贸易组织以来，随着中国经济逐渐融入全球市场以及中国产业深度融入全球价值链，中国对外经济发展节节攀升，取得了令世界瞩目的惊人成就。根据世界银行数据，1982 年，中国和美国的对外贸易额分别为 48 亿美元和－200 亿美元。随后，中国和美国的贸易发展出现分化，中国的贸易顺差显著上升，美国的贸易赤字也急剧增加。截至 2008 年末，中国的贸易顺差达到历史峰值 3488 亿美元，美国的贸易赤字达到 7231 亿美元。2008 年金融危机爆发后，虽然中国的贸易顺差和美国的贸易赤字均出现下降，但是中美两国的贸易顺差和贸易赤字依然处于高位。与此同时，自 2001 年中国加入世界贸易组织后，中国的经常账户占国内生产总值的比重逐渐攀升，由 2002 年的 2.4%一路攀升至 2007 年的9.9%；而美国的经常账户占国内生产总值的比重则由 2002 年的－4.1%下滑至 2007 年的－4.9%（见图 1－1）。2008 年全球金融危机爆发后，中国的经常账户盈余以及美国的经常账户赤字虽然有所下降，但仍然维持在高位。随着金融危机爆发，以美国为首的西方国家经济发展遇到困境，经济增长出现衰退。中国的巨额贸易顺差和经常账户盈余引起了美国学界和政府高层的密切关注（Wolf，2008；Obstfeld et al.，2009；Lin et al.，2010；Prasad，2011）。因此，对中美经常账户失衡的成因进行研究，并提出缓解经常账户失衡的相应对策，具有非常重要的理论和现实意义。

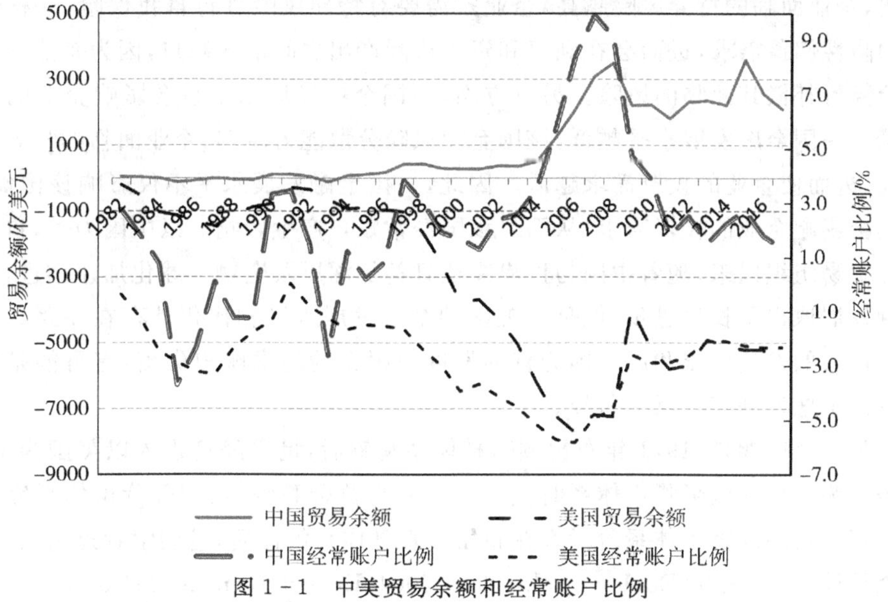

图 1－1　中美贸易余额和经常账户比例

传统上关于经常账户失衡的原因，弹性学派、吸收学派和货币学派均进行了深入研究，但是这些学派的模型设定缺乏微观经济基础。20 世纪 80 年代以后，对微观经济基础的重视导致“动态随机一般均衡（dynamic stochastic general equilibrium，DSGE）”模型的兴起。本书以金融发展差异以及国际货币非对称两个角度作为切入点，采用现代分析方法探讨经常账户失衡问题。

之所以探讨金融发展差异问题，是因为近二三十年来，随着金融全球化加速推进，国际资本流动显著加快，发展中国家和新兴市场经济体日渐融入全球资本市场。自 20 世纪 90 年代以来，发达经济体和新兴市场经济体的金融一体化程度逐步提高。但是，这两个经济体之间的差距仍然显著（Chinn et al.，2006）。国际货币基金组织（International Monetary Fund，IMF）发布的发达经济体和新兴市场经济体金融发展指数表明，发达经济体和新兴市场经济体的金融深化均有所增加。从 2008 年全球金融危机开始，发达经济体金融发展略有下降，而新兴市场经济体呈现出金融发展趋势放缓迹象。但是，新兴市场经济体与发达经济体的金融发展差距仍然相当大。金融一体化似乎并没有促进发达经济体和新兴市场经济体之间的融合，也未促使新兴市场经济体在金融发展方面的追赶（Bonfiglioli，2008）。

金融发展水平会影响企业家的创业活动，并且会限制企业抵御特异风险的能力（Angeletos，2007；Angeletos et al.，2011；Corneli，2009，2017）。金融发展差异通过两个途径产生影响：一方面，一国金融发展水平越低，该国企业风险分散能力越弱，企业面临的特异风险越高，企业家需要对特异风险进行自我保险，这样会产生预防性储蓄需求，进而会在利率和资本边际产出之间形成缺口，因为企业家需要风险溢价补偿其面临的风险。另一方面，一国金融发展水平也会影响企业的投资决策。一国金融发展水平越低，该国企业风险分散能力越弱，企业面临的特异风险越高，进而使企业的投资需求越低。因此，一国金融发展水平不仅影响该国储蓄，而且会影响企业的投资需求，从而对该国经常账户产生影响。以中国为例，自加入世界贸易组织以来，随着中国与世界交往日益加深以及金融全球化加速推进，中国金融发展取得了长足进步，但是与美国的金融发展水平相比仍然存在差距。以美国为代表的发达国家和以中国为首的发展中国家的经常账户失衡，有可能是因为双方的金融发展存在巨大差异。

另一个问题是，1971 年布雷顿森林体系瓦解后，世界经济进入以美国为中心、以美元为主导的国际货币体系时代。在美元与黄金脱钩后，国际货币体系完全进入主权信用国际货币体系阶段。在布雷顿森林体系解体后，有些学者提出“新布雷顿森林体系”的观点（Dooley et al.，2003，2004；Eichengreen，2004；Roubini et al.，2005），他们认为全球经常账户失衡的机制也可以用“中心—外围”模式加以解释。

美国作为中心国家，凭借美元特有的国际储备货币地位，通过经常账户赤字的途径向外围国家供给美元储备，同时发行国债实现外围国家的美元资金回流。而外围国家主要由以中国为代表的亚洲国家组成，外围国家通过出口导向发展战略，不仅可以向中心国家出口商品积累外汇储备，而且出口部门也可以吸收大量的农村转移劳动力。外围国家为了维持出口竞争力，通常采取盯住中心国家货币的策略，维持本币汇率稳定，造成本币低估，从而形成对中心国家的经常账户顺差，然后将积累的外汇储备投资于中心国家安全性高、收益率低的国债。

在现行的国际货币体系下，由于美元特殊的国际储备地位，中国要实现经济增长，在农村存在大量剩余劳动力的情况下，合理的方式是通过出口导向发展战略，依靠外需促进出口部门扩张，实现农村劳动力转移，并积累外汇储备；同时，亚洲金融危机和拉美金融危机的惨痛教训表明，非储备货币国家通过国际借贷发展本国经济，一旦国际流动性突然停止，本国货币会大幅贬值，银行体系也会受到巨大冲击。因此，在人民币非国际储备货币的情况下，我国出于经济发展的目的，合理的选择是出口导向发展战略，出口导向发展战略的一个直接结果是中国经常账户长期盈余。与此同时，美国作为国际货币体系的中心国，通过输出资本来获得超额收益，进而在国际分工中更加专注金融服务业和虚拟经济，导致实体经济在国内生产总值中的比重不断下滑，使得经常账户持续出现赤字。另外，在现行的主权信用国际货币体系下，国际货币体系的主要参与者缺乏纪律性。一方面，经常账户盈余国缺乏激励机制进行调整；另一方面，由于美元的国际储备地位，美国即使出现经常账户赤字，也缺乏激励机制促使其进行调整。因此，在目前的国际货币体系下，由于缺乏激励机制，各国间经常账户失衡很可能会持续存在，而且有扩大的可能。

1.1.2 研究问题

自2001年中国加入世界贸易组织以来，随着中国经济逐渐融入全球市场以及中国产业深度融入全球价值链，中国对外经济发展节节攀升，取得了令世界瞩目的惊人成就。本书应用理论与模拟分析方法，从金融发展差异和国际货币非对称视角出发，解释经常账户失衡问题。

从金融发展差异和国际货币非对称两个视角出发，是因为现实中几个重要问题值得深入研究。第一，自2001年中国加入世界贸易组织以来，随着金融全球化加速推进以及中国金融对外开放程度逐渐提升，中国金融发展取得了长足进步。但是，相较美国金融发展水平，中国金融发展水平仍然存在差距。金融深化通过塑造居民的储蓄和投资行为，对各国之间的资本流动具有重要影响。中美贸易顺差以及经常账户盈余在此期间不断扩大，金融发展差异在中美经常账户失衡中起到了何种作用？是否有助于解释过去几十年观察到的经常账户失衡现象？这些问题值得研究。

第二，金融发展程度与居民生活息息相关。金融发展程度不同的国家，金融一体化对其短期资本流动和长期资本流动的影响如何，并如何影响到一国居民的消费和福利水平？金融发展差异如何影响一国居民的福利水平，其作用机制如何？这些问题都值得进行深入细致的研究。

第三，改革开放以来，尽管中国经济发展取得了巨大成就，但是在以美元为主导的国际货币体系下，中国作为“新布雷顿森林体系”的外围国家，其通过出口导向发展战略向中心国家出口商品，并利用美元外汇储备购买美国金融资产。而美国作为中心国家，通过进口商品、出口金融资产来维持运转。因此，美国出现经常账户赤字，中国出现经常账户盈余。换言之，现行国际货币体系非对称是否造成了中美经常账户失衡？这个问题也值得深入研究。

1.1.3 核心概念

1. 金融发展差异

金融发展差异是指各国之间金融发展水平存在差距。早期文献主要从金融相关率、金融资产分布、金融资产比重、广义货币占国内生产总值的比重等指标来刻画金融发展水平（Goldsmith，1969；Shaw，1973；McKinnon，1973）。随着研究的推进，现有文献从更广泛的视角衡量一国金融发展水平，主要从金融深度、金融效率、金融准入以及金融稳定四个维度度量金融发展水平（Beck et al.，2002；Čihák et al.，2012）。本书在研究金融发展差异对经常账户失衡的影响时，基于模型构建的需要，主要采用风险分散能力来度量一国金融发展水平。

2. 国际货币非对称

国际货币非对称，泛指国际货币体系是不对称运行的（Angeloni et al.，2011），主要指货币体系安排的中心国家与其他外围国家之间，货币地位、经济实力、经济增长速度、储蓄-消费、国际收支以及调整机制等不对称。2008 年全球金融危机爆发后，关于国际货币非对称的学术研究日益增多。在本书研究中，国际货币非对称是指，由于本国货币非国际储备货币，本国家庭不但对本国货币存在需求，而且对国际货币产生需求，这样本国效用函数中既存在本国货币，也存在国际货币；由于外国货币是国际储备货币，外国家庭只对外国货币存在需求，因而外国效用函数中只存在外国货币。

3. 经常账户失衡

研究经常账户失衡的成因，首要问题是如何界定经常账户失衡，这关系到本书的研究范围和立论前提。

2008年全球金融危机爆发后，经常账户失衡引起了学术界和政策制定者的广泛关注，相关研究文献大量出现。但是，学术界对经常账户失衡的内涵缺乏统一清晰的界定。国外相关文献中常出现“全球失衡”(global imbalances)和“经常账户失衡”(current account imbalances)术语，国内相关文献中也常出现“全球经济失衡”和“外部失衡”等表达。实际上，通过对文献进行梳理和归纳发现，他们的研究对象都是经常账户失衡现象。因此，在本书的叙述过程中，经常账户失衡和全球失衡两个术语可以相互使用。

经常账户失衡现象是指，以美国为代表的发达经济体出现持续的经常账户赤字，而以德国、日本、中国和部分石油输出国为代表的经济体则出现持续的经常账户盈余。经常账户失衡主要表现为两个特征：第一，失衡规模庞大，如美国出现巨额的经常账户赤字，而中国出现庞大的经常账户盈余。衡量经常账户失衡的严重程度，有两种方法：一是全球经常账户总盈余(总赤字)规模在全球产出中的比重；二是就单个国家而言，一国经常账户盈余(赤字)与该国国内生产总值的比值。根据世界银行数据，自2000年以来，中国经常账户盈余在国内生产总值中的比重不断上升，且美国经常账户赤字的比重也迅速扩大(见表1-1)。由表1-1可以明显看到，2000—2006年，美国经常账户赤字在攀升。2008年全球金融危机爆发前的2006年，美国经常账户赤字达到创纪录的5.8%，中国经常账户盈余创下10.6%的新纪录。2008年金融危机爆发后，美国经常账户赤字出现明显下降，但其赤字在国内生产总值中的比重始终高于2.0%。

表1-1　中、美经常账户余额占国内生产总值的比重

年份	中国/%	美国/%	年份	中国/%	美国/%
2000	1.7	−3.9	2009	6.0	−2.6
2001	1.3	−3.7	2010	5.1	−2.9
2002	2.4	−4.1	2011	2.8	−2.9
2003	2.8	−4.5	2012	2.6	−2.6
2004	3.6	−5.1	2013	1.6	−2.1
2005	7.1	−5.7	2014	2.1	−2.1
2006	9.3	−5.8	2015	1.8	−2.4
2007	10.6	−4.9	2016	2.7	−2.4
2008	9.7	−4.6	2017	2.1	−2.4

注：数据来自世界银行。

第二，经常账户失衡持久。当前全球经常账户失衡始于20世纪80年代，截至目前仍未实现全球经常账户平衡。20世纪80年代以来，美国经常账户持续出现赤字(除1991年外)。2008年金融危机爆发后，美国经常账户赤字出现收窄，但经常账户失衡的趋势仍未改变。

1.2 研究意义

随着中国贸易顺差的持续扩大，经常账户失衡再度成为国际社会关注的焦点，也成为当前世界经济运行的主要特征和面临的重要风险，将对中国和世界经济可持续发展带来潜在风险和新的挑战。基于金融发展差异和国际货币非对称视角探讨经常账户失衡问题，研究金融发展差异和现行的国际货币体系是否是导致中美经常账户失衡的原因，可以为今后金融发展以及国际货币体系改革提供方向，这些都具有极为重要的现实意义。

从理论方面看，第一，本研究拓展了金融发展差异与经常账户失衡的研究框架。现有文献侧重于在两国模型的框架下，在两国模型中作对称性假设，研究金融发展差异与经常账户失衡之间的关系。为此，本书先将两国模型简化至小国模型，在国家不对称的前提下，分析在小型开放经济模型中，金融发展差异对经常账户失衡的作用机制。通过对两国模型进行简化分析，本书的理论框架能够涵盖小型开放经济模型和两国模型，从而能够全面研究金融发展差异对经常账户失衡的影响，进而弥补现有文献的不足。第二，本研究充实了国际货币非对称与经常账户失衡的研究框架。现有文献在两国动态一般均衡模型的框架下，研究在国际货币非对称的情形下，非储备货币国家的外汇储备需求增加对经常账户失衡的影响。本书在现有文献的基础上，将上述研究框架简化至小型开放经济模型，研究在国际货币非对称的情形下，小国外汇储备需求增加对其经常账户的影响机制，进一步充实了现有文献的理论研究成果。本书非对称的设定是假设将储备货币引入非储备货币国家的家庭效用函数中，进一步研究在非对称条件下，非储备货币国家受到冲击对经常账户的影响。结果表明，在小型开放经济模型和两国模型框架下，非储备货币国家受到国际储备需求正向冲击后，非储备货币国家的经常账户盈余的持续性显著下降。本研究为全面深入理解国际货币非对称与经常账户失衡之间的关系提供了一个新的研究视角，也进一步充实了现有文献。

从实践方面看，在具有理论框架后，本书可以将理论与模拟相结合，并从模拟分析结果中获得相应的政策启示。第一，本研究对我国制定更加有效的宏观经济政策，促进经常账户再平衡具有重要的指导意义。随着中国经济深度融入国际分工和全球价值链，中国对外贸易迅猛发展，经常账户出现巨额盈余。然而，美国经常账户却持续出现庞大赤字，引发中美贸易摩擦逐渐升温，对我国经济持续发展带来了极大的挑战。因此，通过对金融发展差异、国际货币非对称与经常账户失衡之间的关系进行研究，可以探讨这两个视角是否能解释中美经常账户失衡，进而为我国制定更加有效的宏观经济政策提供借鉴意义。第二，本研究对于厘清未来国际货币体系改革的方向，具有极为重要的现实意义。2008 年全球金融危机爆发后，经常账户失衡受到学界和国际社会的广泛关注，国际社会逐渐认识到现行的以美元为主导的国际货币体系存在巨大的风险。因此，研究现行的国际货币体系是否是导致经常账户失衡的原因，有助于厘清未来国际货币体系改革的方向，具有极为重要的现实意义。

1.3 研究内容和结构安排

1.3.1 研究内容

本书着重研究了金融发展差异和国际货币非对称对经常账户失衡的影响，主要研究内容可以概括为四个部分：第一部分在Corneli(2017)模型的基础上，首先，将模型简化为小国模型，在动态一般均衡的框架下讨论金融发展差异对经常账户失衡的影响；其次，将小国模型拓展为两国模型，在考虑两国相互影响的情形下，探讨金融发展差异对经常账户失衡的影响。第二部分在小国模型和两国模型的情形下，模拟分析金融发展差异对经常账户失衡的影响。第三部分在Obstfeld等(1995)、Bergin(2003)以及王道平(2012)的研究基础上，通过在非储备货币国家的效用函数中引入储备货币冲击的方式，分别构建小国模型和两国模型，在动态一般均衡的框架下讨论国际货币非对称对经常账户失衡的影响。第四部分在小国模型和两国模型框架下，模拟分析国际货币非对称对经常账户失衡的影响。具体如下：

第一，构建小国和两国理论模型，研究金融发展差异对经常账户失衡的影响。

本书以Corneli(2017)的理论模型为基础，模型中存在异质性家庭部门和企业生产风险。模型中，假设本国企业生产风险高于外国。首先，构建小国模型。小国模型的特点是会受到外国的影响，但小国对外国并不会产生影响。通过构建小国模型，可以重点研究小国在金融发展程度较低的情形下，在金融一体化转型过程中，小国经常账户受到外国的影响。其次，将上述小国模型扩展为两国模型。在考虑两国相互影响的情况下，探讨本国与外国在金融发展存在差异的条件下，本国开放资本账户后，在金融一体化转型过程中，本国与外国经常账户受到的影响。

第二，在小国和两国模型的框架下，模拟分析金融发展差异对经常账户失衡的影响。

在构建小国和两国模型后，接着分别对小国和两国模型的方程体系进行对数线性化，然后对模型参数进行校准。在小国模型框架下，假设小国开放资本账户，模拟分析小国由自给自足稳态、非自给自足稳态向金融一体化稳态转型的过程中，小国主要宏观经济变量的动态转型路径以及经常账户的动态变化，进而揭示金融发展差异对小国经常账户失衡的影响机制。在两国模型框架下，假设本国开放资本账户，模拟分析本国在由自给自足稳态、非自给自足稳态向金融一体化稳态转型的过程中，本国和外国宏观经济变量以及经常账户的演变路径，进而揭示金融发展差异对两国经常账户失衡的作用机制。最后比较分析在小国和两国模型中，金融发展差异对经常账户失衡的作用机制是否存在差异。

第三，构建小国和两国理论模型，研究国际货币非对称对经常账户失衡的影响。

本书以 Obstfeld 等(1995)、Bergin(2003)以及王道平(2012)的理论模型为基础。假设本国对外国货币存在需求，换言之，在本国效用函数中不但存在本国货币，也存在外国货币。而外国对本国货币不存在需求，这样外国效用函数中只存在外国货币，不存在本国货币。因此，模型设定中国际货币是非对称的。首先，构建小国模型，小国模型的特点是会受到外国的影响，但是小国不影响外国。通过构建小国模型，分析国际货币非对称对小国经常账户失衡的影响。其次，将上述小国模型拓展为两国模型，两国模型的优点是可以讨论相互影响的政策溢出效应以及反馈效应。最后，在考虑两国相互影响的情形下，探讨国际货币非对称对两国经常账户失衡的影响。

第四，在小国和两国模型的框架下，模拟分析国际货币非对称对经常账户失衡的影响。

在构建小国和两国模型后，分别对小国和两国模型的方程体系进行对数线性化，然后对模型参数进行校准。在小国模型框架下，假设小国受到储备货币需求冲击，模拟分析小国主要宏观经济变量的脉冲响应，着重研究小国经济内部失衡以及外部失衡，进而揭示国际货币非对称对小国经常账户失衡的影响机制。在两国模型框架下，假设本国受到国际储备需求冲击，模拟分析本国和外国主要宏观经济变量的脉冲响应，重点分析本国和外国经济内部失衡以及外部失衡，进而揭示国际货币非对称对两国经常账户失衡的作用机制。最后比较分析在小国和两国模型框架下，国际货币非对称对经常账户失衡的影响机制是否存在差异。

1.3.2 结构安排

全书共分为 7 章，各章结构具体安排如下：

第 1 章是绪论。首先，介绍本书的研究背景并提出问题；其次，阐述本书的研究意义；再次，介绍本书的研究内容和结构安排；最后，简要介绍本书的研究方法，并提出本书的创新之处。

第 2 章是文献综述。首先对目前有关金融发展差异与经常账户失衡的研究文献、国际货币非对称与经常账户失衡的研究文献进行梳理和归纳，然后对上述文献的研究进展进行述评，进而提出本书的研究主题和研究方向。

第 3 章是金融发展差异与经常账户失衡：小国模型。首先构建金融发展差异与经常账户失衡的小型开放经济模型，然后对模型参数进行校准，分析经济体由自给自足稳态、非自给自足稳态向金融一体化稳态的转型过程中，小国主要宏观经济变量的动态转型路径以及经常账户的动态变化。

第 4 章是金融发展差异与经常账户失衡：两国模型。首先构建金融发展差异与经常账户失衡的两国模型，然后对模型参数进行校准，分析本国经济体由自给自足稳态、非自给自足稳态向金融一体化稳态的转型过程中，本国和外国主要宏观经济变量的动态转型路径以及经常账户的动态变化。

第 5 章是国际货币非对称与经常账户失衡：小国模型。首先，构建国际货币非对称与经常账户失衡的小国模型，在非储备货币国家的效用函数中引入国际储备需求冲击。其次，对理论模型进行参数校准。最后，进行模拟分析，着重分析国际储备需求正向冲击的脉冲传导机制，重点考察小国受到国际储备需求正向冲击对其经济内部失衡和外部失衡的影响。

第 6 章是国际货币非对称与经常账户失衡：两国模型。首先，在两国动态一般均衡模型的框架下，构建国际货币非对称与经常账户失衡的理论模型，模型中非储备货币国家的家庭部门对本国货币和国际储备货币存在需求。其次，对模型参数进行校准。最后，进行模拟分析，着重分析本国受到储备货币需求正向冲击的脉冲传导机制，重点考察国际储备需求冲击对本国和外国经济内部失衡和外部失衡的影响。

第 7 章是结论与展望。在各章小结的基础上，归纳总结出全书的研究结论，提出有针对性和操作性的政策建议，并进一步指出本书未来的研究方向。

1.4 研究方法和技术路线

1.4.1 研究方法

为分析金融发展差异和国际货币非对称对经常账户失衡的影响，本书沿袭现代开放宏观的方法来进行分析。具体而言，主要包括以下两种研究方法：

第一，本书注重理论分析与模拟分析相结合。理论部分构建动态一般均衡的开放经济模型，分析金融发展差异和国际货币非对称对经常账户失衡的影响机制。本书论证出金融发展差异和国际货币非对称都可能造成经常账户失衡。为了对理论结论进行检验，本书运用参数校准对模型进行模拟研究，模拟结果有力地支撑了理论结论。总而言之，理论分析与模拟分析贯穿整个研究过程。

第二，本书采用对比分析法。本书在理论与模拟方面分别针对小国和两国模型框架，分析了金融发展差异与国际货币非对称对经常账户失衡的影响机制，并对模拟结果进行了对比分析。同时在不同模型框架下，分析金融发展差异与国际货币非对称对经常账户失衡的影响程度、作用机制是否不同。通过对比分析，可以揭示金融发展差异与国际货币非对称对经常账户失衡的影响机制差异。

1.4.2 技术路线

基于上述具体的研究方法，结合本书的研究内容，本书的研究技术路线如图1－2所示。

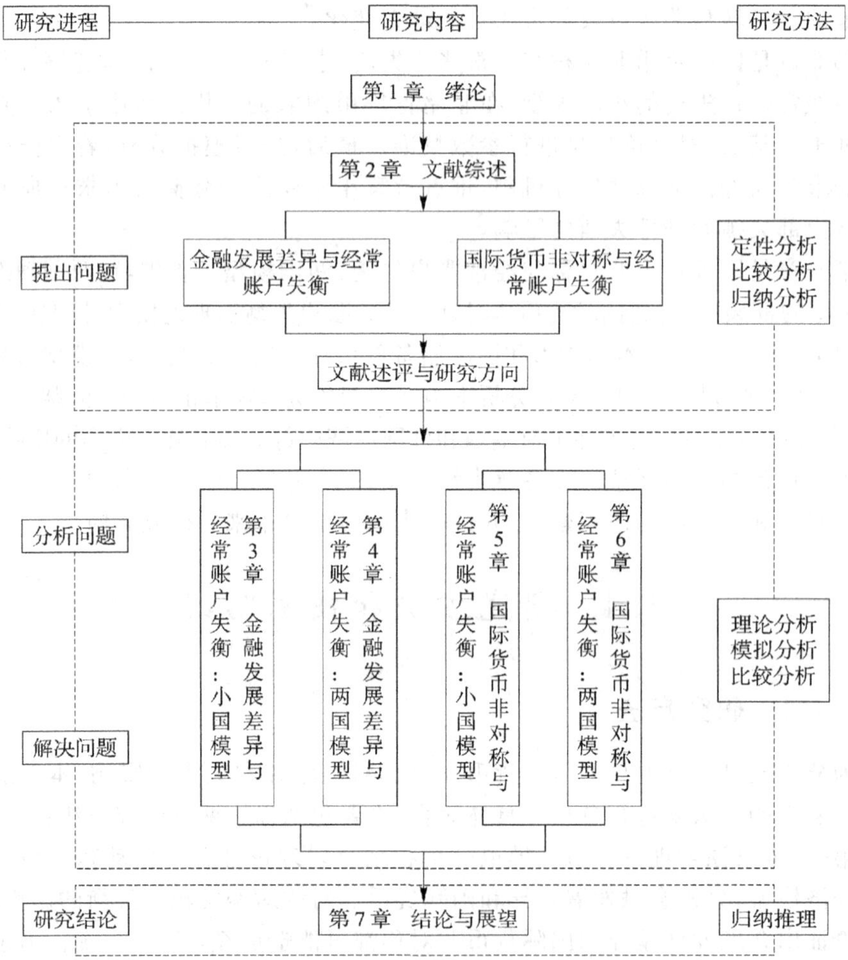

图1－2 研究技术路线图

1.5　本书创新之处

本书从金融发展差异和国际货币非对称两个视角研究了经常账户失衡的问题。首先，构建金融发展差异与经常账户失衡的小国模型，分析了金融发展差异对中国经常账户失衡的影响。其次，构建金融发展差异与经常账户失衡的两国模型，分析了金融发展差异对中美两国经常账户失衡的影响。再次，在小型开放经济模型的框架下，分析了国际货币非对称对中国经常账户失衡的影响。最后，构建国际货币非对称与经常账户失衡的两国模型，分析了国际货币非对称对中美两国经常账户失衡的影响。本书的主要结论及创新点如下：

第一，探究金融发展差异对经常账户失衡的影响，模拟经济体由自给自足向金融一体化稳态的转型过程，研究发现，金融发展差异对中国经常账户的影响依赖于经济体的初始状态。

以 Corneli(2017)研究为代表的文献，研究了金融发展差异对经常账户失衡的影响，但是这类文献仅在两国模型的框架下进行探讨。为此，本书在小国模型和两国模型的框架下，模拟分析了经济体由自给自足向金融一体化稳态的转型过程。研究发现，金融发展差异对中国经常账户的影响依赖于经济体的初始状态。如果中国的初始状态处于自给自足稳态，金融一体化会导致中国经常账户出现盈余；如果中国的初始状态尚未处于自给自足稳态，金融一体化会导致中国经常账户出现赤字。通过对两国模型进行简化分析，本书的理论框架能够涵盖小国模型和两国模型，从而能够全面系统地研究金融发展差异对经常账户失衡的影响，为进一步深入理解金融发展差异对经常账户失衡的影响提供了新的框架，在一定程度上充实了经常账户失衡的现有文献。

第二，探究国际货币非对称对经常账户失衡的影响，运用动态随机一般均衡方法分析了国际货币需求冲击对经常账户影响的脉冲传导机制。

以 Obstfeld 等(1995)和 Bergin(2003)研究为代表的文献，主要在动态随机一般均衡框架下研究了货币冲击对汇率变动的影响，但是这类文献没有考虑国际货币非对称的情形。虽然王道平(2012)对上述文献进行了拓展，在模型中考虑了国际货币非对称情形。但是，在模拟分析过程中，王道平(2012)仅在两国模型框架下，只针对储备货币需求增加对中美两国消费、储蓄以及经常账户的影响进行了研究，并未就国际货币需求冲击对经常账户影响的脉冲传导机制进行分析。为此，本书在小国模型和两国模型的框架下，运用动态随机一般均衡方法分析了国际货币需求冲击对经常账户影响的脉冲传导机制，从而扩展了国际货币非对称对经常账户失衡的脉冲传导研究。

第三，在动态随机一般均衡框架下，将国际货币需求冲击纳入效用函数中，模拟发现国际货币需求冲击会导致中国经常账户盈余的持续性明显下降。

王道平(2012)在 Obstfeld 等(1995)和 Bergin(2003)研究的基础上,在模型中考虑了国际货币非对称情形。但是,王道平(2012)并未将国际货币需求冲击纳入非储备货币国家的效用函数中。为此,本书在非储备货币国家的效用函数中引入国际货币需求冲击,且在小国模型和两国模型的框架下,全面深入研究了国际货币非对称对经常账户失衡的影响。模拟结果表明,无论在小国模型还是两国模型中,国际货币需求正向冲击均导致中国经常账户盈余的持续性明显下降;在两国模型中,国际货币需求正向冲击也导致美国经常账户赤字的持续性明显下降。本书为全面深入理解国际货币非对称与经常账户失衡之间的关系提供了一个新的研究视角,也进一步充实了现有文献。

第 2 章

文献综述

大量文献对经常账户失衡的原因进行了广泛深入的探讨，许多学者主要从人口结构、文化差异、汇率政策、资本管制、金融发展差异和国际货币体系等视角对经常账户失衡展开了深入细致的研究。本书主要聚焦于金融发展差异和国际货币体系两个视角，深入分析金融发展差异、国际货币体系与经常账户失衡的关系，因此不对其他文献做专门的探讨。

结合本书的研究内容，本章将从如下几个方面对现有文献进行梳理。首先，梳理金融发展差异与经常账户失衡的相关文献，厘清金融发展差异与经常账户失衡关系的理论基础。其次，梳理国际货币非对称对经常账户失衡影响的相关研究，为构建国际货币非对称与经常账户失衡的理论模型提供研究基础。最后，对上述文献进行评述，在此基础上提出本书的研究方向。

2.1　金融发展差异与经常账户失衡

金融市场作为将微观经济主体行为转化为宏观经济影响因素的主要场所，它的发展始终是研究者无法绕开的重要环节。近几十年来，各国金融市场发展差异与经常账户失衡之间的关系得到了学者们越来越多的关注。

2.1.1　储蓄-投资视角

一国金融发展水平会在微观层面影响经济主体的储蓄行为，进而在宏观层面上影响一国的储蓄水平，从而对一国的经常账户余额产生影响。在国际研究层面，Boyd 等(1997)的研究表明，金融市场发展通过影响投资，进而对经常账户余额产生影响。Willen(2004)的研究表明，一国金融市场不完善程度越高，家庭之间风险共担程度越低，从而导致家庭预防性储蓄需求越高，进而产生经常账户失衡。Bernanke(2005)认为，由于东亚国家金融体系不完善，无法将储蓄全部转化为投资，部分储蓄将流向美国，从而使得美国经常账户出现赤字。Angeletos 等(2006)引入了一个具有特殊生产风险和不完全市场的新古典增长经济体。市场不完全引入了私人股权的风险溢价，这样会造成投资需求下降。与完全市场相比，由于投资风险，稳定状态下的资本存量更低，而预防性储蓄导致利率更低。Chinn 等(2007)研究表明，一国金融市场越发达，其经常账户余额越低。金融不发达会影响企业家的创业活动，并且会限制企业抵御特异冲击的能力(Corneli，2009；Angeletos et al.，2011)。Sandri(2010)考虑了一个具有创业风险的小型开放经济模型，但侧重于不同的政策实践。特别地，他研究了一项改革，允许一些经济个体从“农民”变为“企业家”。因为创业活动被认为比农业活动面临更多的风险，这意味着特异风险水平的增加，因而使预防性储蓄激增，这样会导致经常账户出现盈余。Song 等(2011)从企业储蓄的视角解释了中国的经常账户失衡。他们构建了一个增长模型，模型中存在两类企业：国有企业和民营企业。民营企业生产率更高，由于金融市场不完善，民营企业主要依靠自身储蓄为投资融资。国有企业生产率较低，由于其能在银行部门获得贷款，故能够在市场中存活。如果民营企业拥有足够多的储蓄，其比国有企业成长更快。随着拥有金融优势的国有企业逐渐萎缩，迫使国内储蓄投资到国外，从而导致经常账户盈余。Benhima(2013)构建了一个小型开放经济模型，其在模型中引入不可保险的特异投资风险，这样有助于解释全球失衡。Sandri(2014)建立不可保险的特异投资风险小型开放经济模型，模型中存在特异投资风险以及有限的金融工具，企业家必须依靠自有储蓄为投资融资。因此，当生产率和资本边际产出上升时，企业家提高储蓄为新投资融资。更进一步地，当企业家增加风险投资敞口时，他们也希望增加预防性资产的持有量，以便在风险投资和安全资产之间保持平衡。这意味着储蓄率必须超过投资率，正如经验证据观察到的，经常账户会出现盈余。

有些学者也就金融发展跨国差异对经常账户失衡的影响进行了研究。Dooley等(2004)指出，相对较高的征收风险要求新兴市场经济体在国外公布隐性担保品。如果征收风险确实实现，外国投资者可以没收这些担保品。新兴市场经济体公布担保品的一个实际方法是每年保持经常账户盈余，并持有包括美国政府债务在内的外国金融资产。Ju等(2010)认为，由于金融中介效率低下或公司治理中的代理问题，资本的预期边际收益与金融利率不相等。在新兴市场经济体中，实物资本的预期回报率很高，而本地储蓄的金融回报率可能很低。这种低储蓄回报率促使国内储户将储蓄转移到金融体系较为发达的国家；同时，为了利用后者较高的实物资本回报率，金融发达国家的公司愿意投资于金融不发达的国家，这样就会造成经常账户出现失衡。Angeletos等(2011)通过建立两国动态一般均衡模型，研究了金融一体化的全球宏观经济影响。模型重点阐述不可分散的异质性企业风险，该风险不仅引入预防性储蓄动机，而且在利率和资本边际产出之间形成了一个缺口。由于缺口的存在，在自给自足条件下，金融欠发达经济体的利率和资本存量要低于金融较发达的经济体。随着上述两个经济体开放资本账户，前者利率出现上升，而后者利率却出现下降。与此同时，前者经历资本外流，后者出现经常账户赤字。总体而言，该模型能为全球失衡的出现提供一个简单解释。Coeurdacier等(2015)发展了一个具有异质家庭信贷约束、大型开放经济的储蓄生命周期理论。该理论为全球储蓄过剩提供了微观基础，也为“分配之谜(allocation puzzle)”提供了潜在答案。Corneli(2017)在两国模型的框架下，分析了金融发展水平不同的国家金融一体化的效应。模型中，两国在金融发展水平和初始资本禀赋方面存在差异。模拟结果表明，由于生产活动存在较高的风险溢价，金融一体化在中期会减少金融欠发达国家的资本累积，同时提高其储蓄，从而在中期金融欠发达国家会产生经常账户盈余。相应地，金融发达国家会出现经常账户赤字。Coeurdacier等(2019)构建了一个具有总体不确定性的两国新古典增长模型，分析两国金融一体化的收益。模型中，两国在面临的风险水平、资本稀缺性以及国家规模等方面存在非对称性。同时，模型模拟了发展中国家与发达国家的金融一体化过程，并指出发展中国家在短期会内存在资本外流和产出下降，而在长期内会经历资本流入和产出提升。但是，他们的研究主要着重分析金融一体化对两国的福利效应。

有些学者从金融资产供给能力等角度对全球经常账户失衡进行了研究。Caballero等(2008)将世界分成四个地区：地区U(美国、澳大利亚和英国)、地区E(欧元区)、地区J(日本)和地区R(世界其他地方)。模型的重要特征是关注各地区供应金融资产的能力。总体而言，地区U提供金融资产，地区R对金融资产存在需求。地区R快速增长，由于其无法产生足够的本地价值存储工具，使得其对地区U的金融资产的需求增加，这样造成地区U出现经常账户赤字，而地区R出现经常账户盈余。Mendoza等(2009)研究表明，当各国在金融发展程度上存在差异时，金融一体化能导致巨大而持久的全球失衡。新兴市场国家由于金融发展速度跟不上经济增长速度，进而无法提供足够的金融资产满足价值储存的需求。在全球金融一体化条件下，新兴市场国家的超额储蓄更愿意追逐发达国家的安全金融资产。金融一体化导致发达国家在长期和渐进的过程中，减少储蓄和积累大量的外国净债务，而新兴市场国家则会累积巨大的对外净资产。这些模式与20世纪80年代初以来观察到的全球外部失衡特征相一致。

有些文献尝试从企业储蓄的角度解释经常账户失衡。Bacchetta等(2010)在理论模型中证明了流动资产需求对国内投资的补充。因此，具有高增长率和高投资率的新兴国家既可以拥有较高的企业储蓄，也可以拥有对外国资产的高需求，并经历资本外流和经常账户盈余。Song等(2011)从企业储蓄的视角解释了中国的经常账户盈余，他们构建了一个增长模型，模型中存在两类企业：国有企业和民营企业。民营企业生产率更高，由于金融市场不完善，民营企业主要依靠自身储蓄为投资融资。国有企业生产率较低，由于其能在银行部门获得贷款，故它们能够在市场中存活。如果民营企业拥有足够高的储蓄，其比国有企业成长更快。随着拥有金融优势的国有企业逐渐萎缩，迫使国内储蓄投资到国外，从而导致经常账户盈余。Sandri(2014)专注于不可保险的风险，这些风险促进了发展中国家的企业储蓄。不可保险的风险迫使企业家依靠自有资金。因此，当存在商业机会时，为允许预防性资产的累积，储蓄增加必须高于投资。

有些文献特别关注金融监管与经常账户失衡之间的关系。一方面，传统的金融监管放松被视为金融市场深化。降低交易成本，促进风险管理，这些方式可能鼓励储蓄(Edwards，1996；McKinnon，1973；Shaw，1973)，因此倾向于提高经常账户余额。另一方面，金融监管放松可能会放松流动性限制，这可能会减少预防性储蓄需求(Mendoza et al.，2009)，并可能助长信贷风险，促进消费和投资增长，从而减少经常账户余额(Ferrero,2012;Borio et al. ,2011)。Moral-Benito 等(2016)研究了金融监管与经常账户余额之间的关系,他们使用 1980—2010 年的国家面板数据,研究发现了金融监管影响经常账户余额的有力证据:放宽银行进入壁垒与经常账户余额呈负相关。相比之下,银行私有化和证券市场放松管制往往会增加经常账户余额。

在国内研究层面,有些文献也就金融发展差异与经常账户失衡的关系进行了深入研究。倪克勤等(2006)认为,中国金融市场的行政分割、金融资源结构及流向不合理是影响中国国际收支结构失衡的重要因素。王叙果(2006)认为,金融约束致使我国储蓄和投资关系不协调,进而造成我国的经常账户出现盈余。唐朱昌等(2008)从国际资本流动的角度来分析国际经济失衡,认为一国资本-金融账户的资本流入与该国的金融市场发达程度有关,而金融市场的发达程度又与法律渊源有着紧密关联。李俊青等(2010)认为,资本市场的不完全性对贸易失衡造成了很大的影响。资本市场的发展差距越大,贸易不平衡越严重;资本市场越不完全,家庭预防性储蓄需求越高,使得资本由金融欠发达国家流向金融发达国家,造成金融发达国家出现贸易赤字,而不发达的国家出现贸易盈余。李俊青等(2011)的研究表明,金融市场发展会导致贸易失衡。金融市场发展程度较低的国家,个体的预防性储蓄会上升,进而出现贸易盈余;而金融发展程度较高的国家,个体的预防性储蓄会下降,从而造成贸易赤字。翟晓英等(2012)就金融发展程度对经常账户失衡的影响机制进行了理论和经验分析,其经验研究表明,一国金融发展程度能显著影响居民的消费率,进而会显著影响一国的经常账户余额。

在实证研究方面,有些学者针对金融市场发展与经常账户余额的关系展开了研究。Loayza 等(2000)实证研究发现,居民的消费习惯、人均可支配收入以及财政政策都会对一国的储蓄率产生影响。但是,金融市场自由化是一国储蓄率降低的重要原因。Chinn 等(2006,2008)则认为,对于金融市场已经很完善的发达国家来说,金融市场越发达,储蓄率就越低,但对于发展中国家而言,金融市场的发展反而会使储蓄率有所上升,从而进一步增加经常账户盈余。Ferrucci 等(2007)实证研究也表明,新兴市场国家的金融深化可能导致储蓄率下降以及全球储蓄的重新分配,并且有助于全球经常账户失衡的平稳调整。Ito 等(2007)实证研究表明,私营部门信贷和股票市场似乎都是影响经常账户行为的同样重要的决定因素。金融市场规模扩大引起工业化国家的经常账户余额下降,但是发展中国家的情况往往相反,在发展中国家,金融开放程度通常与经常账户余额呈负相关。Tan 等(2015)研究了一国金融结构对其企业储蓄和经常账户的影响,研究发现,一个过度依赖银行、较少依赖资本市场的金融体系给中小企业获得外部融资带来了更多的困难,这些公司发现有必要自己积累更多的储蓄。因此,资本市场不发达的国家更有可能出现经常账户盈余(或经常账户赤字较小)。同时,他们利用 1997—2007 年 66 个国家的面板数据，发现了强有力的证据支持上述假设。此外，基于公司层面数据的进一步研究表明，资本市场相对不发达的经济体，其公司储蓄(尤其是小公司)显著高于资本市场相对发达的公司。Moral-Benito 等(2016)研究了金融监管与经常账户余额之间的关系，他们使用 1980—2010 年的国家面板数据，研究发现了金融监管影响经常账户余额的有力证据：放宽银行进入壁垒与经常账户余额呈负相关。相比之下，银行私有化和证券市场放松管制往往会增加经常账户余额。Unger(2017)研究了欧元区信贷发展与经常账户余额之间的关系，其研究发现，欧元区危机往往与经常账户失衡的出现有关，大多数赤字国家在经常账户失衡加剧的同时经历了明显的信贷繁荣。其估算结果表明，银行贷款流向非金融私营部门是经常账户的一个重要决定因素。

国内学者也对金融发展与经常账户失衡的关系进行了实证研究。付争(2012)在 Angeletos 等(2011)的模型基础上引入了金融部门，研究金融市场发展差异对经常账户余额变化的影响。其对 2000—2010 年 39 个国家的相关数据进行面板回归分析，回归结果表明，金融市场发展水平与一国经常账户余额呈负相关关系。谭之博等(2012)从银行集中度视角分析了企业储蓄与经常账户失衡的联系。实证研究表明，银行集中度越高的国家，企业从银行获得的贷款比例越低，在企业外部融资受到较大限制的情形下，企业更多地依靠自身储蓄进行融资，这样导致银行集中度高的国家的公司储蓄攀升，进而造成经常账户失衡。曹强等(2016)实证研究发现，当一国金融中介处于主导地位时，该国会出现经常账户盈余。

2.1.2 国际资本流动视角

标准的新古典增长模型预测，资本应该从富国或增长较慢国家流向穷国或增长较快的国家。但是，Lucas(1990)的研究发现，资本并未如新古典增长模型预测的那样，由富裕国家或增长较慢国家流向贫穷国家或增长较快国家。Prasad 等(2006)及 Gourinchas 等(2013)研究发现，资本并未如传统经济模型预测的那样，应该从资本丰富的经济体流向资本贫乏的经济体，而是刚好相反。Alfaro 等(2008)实证研究了资本从富国流向穷国不足背后的不同解释“卢卡斯悖论”。他们研究发现，1970—2000 年，制度质量低下是“卢卡斯悖论”的主要解释。Benhima(2013)在新古典增长模型中纳入未可保险的特异投资风险，其经验研究表明，该模型能较好地解释“资本配置之谜”。Cheung 等(2013)的研究结果支持“卢卡斯悖论”，即 21 世纪全球失衡的模式部分反映了新兴经济体的金融资本流动，这些新兴经济体拥有欠发达的金融市场，过剩的储蓄流向了拥有更高效金融系统的经济体。

随后，有些文献进一步从金融发展差异方面对国际资本流动的影响进行了研究。Gertler 等(1990)研究表明，外国投资者与国内企业家之间的道德风险可能导致资本从穷国流向富国。Gordon 等(1996)关注各国信息不对称，并以此来解释实际利率的差异。Djankov 等(2002)在微观层面研究了一国金融制度通过影响企业准入,进而对国际资本流动产生重要影响。Shleifer 等(2002)认为更好的投资者保护可以产生更高的利率。Martin 等(2004)认为,当国内金融资产的价格或是资本回报率与其他国家有差别时,就会发生资产贸易或资本流动。Matsuyama(2004,2005)和 Aoki 等(2009)研究了国际信贷约束对跨国资本流动的影响。Stulz(2005)研究了政府和企业家在限制金融全球化程度方面的双重代理问题。Wei(2006)研究表明,金融发展水平低下阻碍了投资组合资本流入,但鼓励外国直接投资。Smaghi(2007)指出,在金融一体化背景下,一方面,由于发展中国家的资本边际产出较高,吸引了发达国家资本流入;另一方面,金融一体化使得家庭、企业甚至国家在未来面临的不确定性上升,导致他们的预防性储蓄增加。发展中国家由于金融市场不完善,缺乏风险分担机制,这导致了发展中国家资本流向发达国家。Caballero 等(2008)研究表明,一个快速增长的经济体供给金融资产的能力较低,使得该国家庭对金融发达国家的储蓄工具产生需求。Mendoza 等(2009)研究表明,金融发展差异可能会促使金融发达国家累积净外国债务,同时在外国风险资产(外商直接投资和股权投资)中积累正头寸。Ju 等(2010)研究了金融发展差异对国际资本流动的影响,他们认为,在双向资本流动中,国内储蓄以金融资本形式流向金融发展程度高的国家,而国内投资则通过外商直接投资进行。Ju 等(2011)指出,随着资本账户开放,金融资本通常由南方(金融制度较差)流向北方(金融制度较好)。Hagen 等(2014)构造了一个两国世代交替模型,其研究表明,金融发展跨国差异能解释国际资本流动模式:金融资本由相对贫穷国家流入相对富裕国家,外商直接投资流动方向相反,净资本由穷国流向富国。

在实证研究方面,有些文献检验了金融发展与国际资本流动之间的关系。Daude 等(2008)利用 77 个工业和新兴经济体的双边资本流动数据,研究了信息摩擦和制度发展在资本流动中的作用。他们研究发现,随着一国金融发展上升,相对于外国直接投资,它往往会收到更多的外国投资组合资本。Gruber 等(2009)利用面板回归方法,评估了金融发展差异是否能解释发展中国家的巨额经常账户盈余或美国的巨额经常账户赤字。其研究结果未发现支持这些假设的证据。他们发现,金融资产回报率差异能解释资本流动的国际格局。Schmitz 等(2011)研究发现,自欧洲货币联盟(European Monetary Union,EMU)成立以来,欧元区经常账户失衡大幅扩大。他们将经常账户失衡解释为国际资本流动,并利用贸易余额数据研究了欧盟 15 国在欧元区内、欧盟 15 国与世界其他国家之间的净资本流动模式。Hagen 等(2014)构造了一个两国世代交替模型,其研究表明,金融发展跨国差异能解释国际资本流动模式:金融资本由相对贫穷国家流入相对富裕国家,外商直接投资流动方向相反,净资本由穷国流向富国。其实证研究结果与理论预测一致。

在金融全球化过程中，资本跨国流动往往导致经常账户出现失衡。Ju等(2005)和Antràs等(2009)认为，当金融因素成为一国的比较优势时，金融发展可以在一定程度上从贸易和资本流动的角度解释国家之间经常账户的失衡。Caballero等(2008)在分析框架中将全球划分为四个地区，即地区U(美国、澳大利亚和英国)、地区E(欧元区)、地区J(日本)和地区R(新兴市场、石油生产国和高储蓄工业化经济体)。模型的关键特征是聚焦于上述地区向储蓄者提供金融资产的能力。总体而言，地区U供应金融资产，地区R对金融资产存在需求。地区R在快速增长的过程中，缺乏提供充足的本地金融资产的能力，导致其对地区U的储蓄工具的需求增加，进而造成地区U出现经常账户赤字，地区R出现经常账户盈余。Corneli(2009)构建了一个两国模型，这两个经济体仅仅在企业防范特殊冲击能力方面存在差异。他们的模型能够重现数据中观察到的全球经常账户失衡：金融更发达经济体的巨额、不断上升的经常账户赤字，世界其他地区累积无风险资产并出现庞大的经常账户盈余。Mendoza等(2009)研究表明，在各国金融发展存在差异时，金融一体化能够导致巨大且持久的全球失衡。金融市场发达的国家在长期渐进的过程中，减少储蓄并累积大量的净外债。金融市场更加深化的国家大量向国外借款，并投资于高回报的外国风险资产。Schmitz等(2011)研究发现，自欧洲货币联盟成立以来，欧元区经常账户失衡大幅扩大。他们将经常账户失衡解释为国际资本流动，并利用贸易余额数据研究了欧盟15国在欧元区内、欧盟15国与世界其他国家之间的净资本流动模式。Corneli(2017)在两国模型的框架下，分析了金融市场发展和初始资本存量不同的两个经济体金融一体化的影响。在发展中国家开放资本账户时，随着世界均衡利率的下降，发展中国家的家庭部门更愿意投资风险资本，因为经风险调整的资本边际回报高于世界均衡利率，发展中国家会经历资本净流入和经常账户赤字。随着金融一体化的推进，发展中国家经历资本净流出和经常账户盈余。

在国内研究方面，祝丹涛(2008)认为，全球经常账户失衡的结构性原因是金融体系效率的国别差异。金融效率高的国家对外输出资本，其经常账户往往表现为赤字；而金融效率低的国家接受资本流入，其经常账户往往表现为盈余。张若雪等(2010)研究发现，经常账户失衡是由金融市场效率低下和创新能力较差共同作用的结果。金融市场效率较低使得国内储蓄难以转化为有效投资，迫使国内储蓄以金融资本的形式流入金融市场效率较高的国家；而金融市场效率较高的国家以外商直接投资(foreign direct investment，FDI)的形式投资于金融市场低效率的国家，并获得高额的资本回报，这样就形成了“双向资本流动”。Ju等(2010)提出了一个研究国内金融机构如何影响国际资本流动模式的简单模型。效率低下的金融体系和糟糕的公司治理可能会被双向资本流动所绕过，在双向资本流动中，国内储蓄以金融资本外流的形式离开国家，而国内投资则通过外国直接投资进行。

2.1.3 国际分工视角

金融发展差异导致各国出现不同的国际分工与贸易模式。在跨国研究方面，Kletzer 等(1987)研究表明，金融市场发展能影响国家间的比较优势，进而影响到国际分工。Baldwin(1989)提出了一个两国、两部门和单要素的模型，在模型中，一种商品的需求受到需求冲击，另一种商品则不存在需求冲击。其研究表明，金融市场更发达的经济体，更有可能分散来自需求冲击的风险，生产风险商品的企业面临较低的风险溢价和边际成本。因此，金融市场更发达的国家会专业化生产风险商品。Beck(2002)探讨了金融发展与制造业贸易之间可能存在的联系。其理论模型表明，金融业发达的经济体在制造业中具有比较优势；其经验研究发现，金融发展对制成品的出口水平和贸易余额都有较大的因果影响。此外，有学者研究发现，金融体系相对发达的国家在依赖外部融资的产业方面具有比较优势(Kletzer et al.，1987；Baldwin，1989；Beck，2002；Matsuyama，2005；Wynne，2005；Ju et al.，2011)。Beck(2003)的经验研究发现，在金融体系较为发达的国家，严重依赖外部融资的产业具有更高的出口份额和贸易余额。Do 等(2004)认为，一国金融发展是经济体生产结构的均衡结果。当穷国和富国开放贸易时，富国金融依赖部门出现增长，而穷国金融依赖部门则出现萎缩。Bao 等(2009)利用 1990—2004 年中国 29 个省份的面板数据，尝试探索金融发展与中国对外贸易之间可能存在的联系。实证结果表明，金融发展对我国制造业商品贸易有着显著影响。Leibovici(2018)模型表明，金融摩擦对跨行业国际贸易的影响巨大，且与跨国间产业层面的经验研究一致。

在国内研究方面，齐俊妍(2005)认为，金融市场发展能影响我国的国际分工和贸易结构。朱彤等(2007)研究表明，我国由于金融体系欠发达，其主要出口对外部融资依赖较低的中间产品，进口对外部融资依赖较高的最终产品；而美国由于金融体系发达，其贸易结构恰好相反。包群等(2008)认为，金融发展水平对比较优势的形成具有重要影响，对现实贸易格局与分工模式具有较强的解释能力。施炳展等(2011)从微观视角研究了金融发展与贸易收支的关系，其研究发现，金融发展对贸易收支具有非线性的影响。他们进一步对跨国和跨行业的数据进行了经验分析，其经验研究与理论结论较为吻合。

在实证研究中，有些文献考察了金融发展与国际贸易之间的关系。Beck(2002，2003)、Svaleryd 等(2005)、Manova(2008)和 Manova 等(2009)的研究表明，金融发展水平较高的国家在使用外部融资较多的行业中拥有更高的出口份额。Manova(2007)进一步考察了信贷约束对双边贸易出口种类和出口产品组合中营业额的影响。Do 等(2007)提出，金融市场规模本身受比较优势和国际贸易的影响。Berman 等(2008)利用各国企业层面的数据研究了国家层面的信贷约束与企业出口状况之间的关系。

有些文献进一步研究了金融发展、国际分工与经常账户失衡之间的关系。在国外研究层面，Dooley 等(2003，2004)研究表明，国际货币体系由中心-外围国家组成。外围国家实行出口导向发展战略，向中心国家出口商品并获得外汇储备；中心国家向外围国家提供金融服务，吸引外围国家购买其金融资产，这样形成了中心国家提供金融服务和外围国家提供商品生产的国际分工模式。外围国家由于向中心国家出口商品，其经常账户往往出现盈余；相应地，中心国家的经常账户往往出现赤字。Mao 等(2012)将金融视为可贸易服务，考察了制造业和金融业的比较优势如何导致全球经常账户出现失衡。当金融部门为制造企业提供资金时(这些企业存在各种风险)，金融部门筛选借款人，以限制其风险敞口。在两个生产力增长率不同的国家保持其比较优势地位的动态模型中，在金融方面具有比较优势的国家专门创造金融资产，因此能够将当前储蓄结转到下一期。因此，另一个国家愿意把它的储蓄借给这个国家。由于两国生产率增长，借贷随着时间的推移而增加。因此，随着两国制造业-金融业比较优势的增强，全球失衡持续不断出现，其规模也不断扩大。通过对经济合作与发展组织(Organisation for Economic Co-operation and Development，OECD)国家的双边贸易和经常账户面板数据进行检验，实证结果为这些理论主张提供了强有力的支持。

在国内研究层面，雷达等(2009)指出，美国作为世界金融中心，中国作为全球制造工厂，中美两国的国际分工造成了中美经济失衡。徐建炜等(2010)从金融服务和制造业国际分工的视角考察了全球失衡问题，他们认为，全球失衡与国际分工的新形态有密切关联。即以美国和英国为首的金融强国专注金融服务业，而以德国、日本和中国为首的制造强国专注制造业。这种国际分工新形态的形成，造成了目前的经常账户失衡问题。在实证研究中，他们的研究结果支持了主要理论结论。余永定等(2006)通过分析国内金融市场现状后指出，由于金融市场发展相对落后导致的国内储蓄外流，以及对外招商引资优惠政策吸引的大量国外直接投资，导致了中国的“双顺差现象”。陈继勇等(2011)研究表明，全球经常账户失衡形成了以中国、东盟、日本和德国等经济体为主体的制造业产业链和以美国、英国等为首的金融服务业的国际分工模式。佟家栋等(2011)认为，金融发展促进了国家在制造业和金融业的国际分工；在金融业具有比较优势的国家往往会出现经常账户赤字，而在制造业具有比较优势的国家往往会出现经常账户盈余；他们的经验研究也进一步证实了国际分工对经常账户失衡的影响。杨珍增等(2011)研究发现，当金融发展差异超过某一特定临界值时，国际分工模式会由水平分工转变为垂直分工，从而导致贸易失衡现象的出现，贸易失衡的规模会随着金融发展差异的提高而扩大。茅锐等(2012)认为，全球失衡是由各国制造业和金融业的国际分工而形成的。他们构造的李嘉图模型表明，制造业具有比较优势的国家出现经常账户盈余，而金融业具有比较优势的国家产生经常账户赤字。在进一步实证研究中，他们使用

1975—2008 年 OECD 国家的面板数据，实证检验了制造业和金融业比较优势与经常账户余额的关系，实证结果支持上述理论结论。刘钻石等(2018)的研究表明，美国的金融服务业具有比较优势，而中国的劳动密集型制造业具有比较优势。中美之间的国际分工体现为，中国对美国出现贸易顺差和经常账户盈余，而美国则出现贸易逆差和经常账户赤字。因此，中美经常账户失衡是两国的国际分工导致的结果。

2.2 国际货币非对称与经常账户失衡

2.2.1 国际货币体系的内在缺陷

许多学者对国际货币体系的内在缺陷进行了深入细致的研究。在国际研究层面，Greenwald 等(2009)指出，目前全球储备体系运行较差，导致了当前汇率波动较高，且这种波动对全球经济体系产生了不利影响。Stiglitz 等(2010)指出，在现行的国际货币体系下，对外汇储备需求不断增加导致了全球失衡。Angeloni 等(2011)认为现行国际货币体系的主要缺陷在于，该体系主要参与者缺乏纪律性，并且缺乏外部调整机制。一方面，国际收支盈余国家缺乏激励机制进行调整；另一方面，由于美元的国际储备地位，美国出现国际收支赤字也缺乏激励机制进行调整。同时，该体系仅对非储备货币的国际收支赤字国家起约束作用。在现行国际货币体系下，国际资本流动波动过大、汇率失调以及国际储备积累过度等问题长期存在。Farhi 等(2011)认为当前国际货币体系的主要缺陷在于，缺乏提供充足国际流动性的调节机制，进而促使各国通过过度累积外汇储备的方式进行自我保险。这种做法对单个国家是最优的，但对整个世界却是无效率的。Obstfeld(2011)指出，现行国际货币体系仍然存在"特里芬难题"，美国等储备货币发行国家的 GDP 在世界 GDP 中的比重不断下降，其发行的储备资产无法满足新兴国家和发展中国家的长期储备需求。

国内学者对现行国际货币体系存在的缺陷也进行了系统研究。何帆(2005)指出，在现行国际货币体系下，美元霸权导致全球经济波动幅度显著增加，全球失衡日益严重。张斌(2008)指出，国际金融秩序的根本矛盾依然存在。金融危机具有全球性，但国际货币基金所起的作用却有限。李稻葵等(2009)通过经验研究发现，在准美元本位国际货币体系下，美国国内信贷松紧是引起部分新兴市场国家和发展中国家的国际收支危机的一个重要外部因素。李向阳(2009)认为，国际金融危机的爆发充分暴露了以美元为主导的国际货币体系存在的严重风险，国际货币体系的多元化时代终将到来。中国经济增长与宏观稳定课题组(2009)研究发现，全球失衡与美元霸权密切相关，改革国际货币体系对美元霸权施加限制至关重要。

周小川(2009)明确指出了现行国际货币体系的内在缺陷,即储备货币发行国无法在提供全球流动性的同时保持储备货币币值的稳定。余永定(2009)、袁志刚等(2010)认为,美国金融危机的爆发充分暴露了现行国际货币体系的严重缺陷。裴长洪(2010)也指出,全球金融危机发生的制度根源是以美元为主导的国际货币体系。只有改革现行的国际货币体系,才能避免全球金融危机再度发生。张云等(2010)认为"美元-欧元"双本位的国际货币体系更加不稳定,当代贸易失衡、金融失衡和动荡都是起源于此。

2.2.2 国际货币体系与经常账户失衡

有些学者对国际货币体系与经常账户失衡的关系进行了广泛和深入的研究。在国外研究层面,McKinnon(2001)认为,由于现行国际货币体系以美元为本位,美国可以发行美元为其经常账户赤字融资。Dooley 等(2003,2004)、Eichengreen(2004)、Roubini 等(2005)以及 Fiorentini 等(2010)认为,亚洲固定汇率外围国家的经济崛起,重新确立了美国作为国际货币体系的中心国家的地位。国际货币体系的正常演变涉及外围国家的崛起,外围国家以低估汇率、资本管制和累积外汇储备支持出口导向发展战略,这样导致中心国家出现经常账户赤字,外围国家出现经常账户盈余。McKinnon(2005)将全球经常账户失衡归咎于美元国际本位。由于历史原因,国际商品贸易和全球资本流动主要以美元计价,这使得美元成为国际储备货币,美国央行通过发行货币即可满足世界各国对美元储备的需求,这样美国可以获得铸币税收入。Mundell(2007)研究表明,全球失衡与美元作为储备货币在国际货币体系中的重要地位密切相关。如果美元作为事实上唯一的国际货币地位未被取代,那么全球失衡现象将仍然持续。Hunt(2008)认为,"新布雷顿体系"体现了一些主要新兴市场和美国之间相当短期的互利关系。"新布雷顿体系"所带来的从新兴亚洲和石油出口国到美国的净资本流动,导致了大量外部失衡的累积。Dooley 等(2009)认为,金融危机不会改变国际货币体系的基本结构。经过一段痛苦调整期,推动"新布雷顿体系"的激励措施将比目前更为有力。Birio 等(2010)从储蓄投资和净资本流动渠道解释了全球失衡的看法,他们推测国际货币和金融体系的"过度弹性"是导致全球经常账户失衡的主要原因。Stiglitz 等(2010)认为,对外汇储备需求的不断增加促成了全球失衡。Truman(2010)却认为,当今国际货币体系虽然对国际经济和金融体系的稳定构成潜在的问题,但并不特别容易出现全球经常账户失衡。基于简单的投资组合平衡模型,Andreas(2014)从理论上表明,全球央行对储备资产的需求可能会降低储备发行国的经常账户余额。Avdjiev 等(2016)、Ito 等(2018)从货币区而非经济体视角分析了全球经常账户失衡。

近年来,国内学者也就国际货币体系与经常账户失衡的关系进行了细致深入的研究。黄晓龙(2007)运用非瓦尔拉斯均衡分析方法,研究了国际货币体系的非对称性对全球失衡的影响。其研究发现,以美元为主导的国际货币体系,导致美元存在高估,造成美国经常账户持续逆差以及全球失衡。祝丹涛(2007)指出,美国作为国际货币体系的中心国家,在亚洲金融危机后,其经常账户赤字持续增加。亚洲新兴市场国家,特别是中国成为贸易顺差的焦点。李扬等(2009)认为,解决美国经常账户失衡的根本思路是提高美国国内储蓄率、转变居民过度消费的生活方式,与此同时,还需要改革国际货币体系以适应世界经济发展的新格局与新趋势。张明(2009,2010)也指出,国际货币体系的最大特征是全球国际收支失衡。国际收支失衡的具体表现是东亚和中东石油输出国的经常账户出现持续盈余,而美国的经常账户出现持续赤字。王道平等(2011)建立了一个国际货币非对称的国际收支货币分析框架,分析了现行国际货币体系与全球失衡之间的关系。研究表明,在国际货币体系非对称的条件下,由于非储备货币国对外汇储备需求不断增加,储备货币国只能以经常账户赤字的方式供给外汇储备,这样导致储备货币国出现经常账户赤字以及全球失衡。王道平(2012)在两国动态随机一般均衡的框架下,研究了国际货币不对称对中国经济内外失衡的影响。其模拟研究发现,人民币的非国际货币地位是导致中国经济内外失衡的重要原因。Zhang 等(2018)考察了国际货币体系是否影响了全球失衡,他们提出了一个关于两种主权货币作为储备货币体系的分析框架,研究发现,当前的国际货币体系是造成全球经济失衡的重要原因。

在经验研究方面,许多文献揭示了国际货币体系与经常账户失衡之间的关系。Obstfeld 等(1995)提出了一个两国模型,该模型将全球宏观经济动态的全面描述与基于垄断竞争和名义价格黏性的供给框架结合起来。模型为汇率和经常账户提供了简单直观的预测,上述模型与现代弹性价格跨期模型或传统价格黏性的凯恩斯模型有很大的不同。中国经济增长与宏观稳定课题组(2009)建立数理模型分析了货币霸权与全球失衡的关系,他们指出,全球失衡与美国扩张性货币政策以及国际货币体系密切相关。徐建炜等(2010)认为,全球失衡和以美元为主导的国际货币体系可能无关。即使盈余国的主权货币能用于国际结算,盈余国也会将经常账户盈余转化为美元资产,进而购买美国的金融服务。杨盼盼等(2014)通过对1885—2008年世界各国的经常账户数据进行整理,他们研究发现,全球失衡的规模变化与国际货币体系变迁存在显著关联。王厚双等(2015)对全球失衡的特征、成因及全球经济的再平衡进行了分析,他们研究发现,全球失衡是由多种因素共同作用的结果。因此,在全球经济的再平衡过程中,需从国际货币体系改革及各国相互协作来实现全球经济的再平衡。

2.2.3 国际货币体系改革

按照对国际货币体系的改变程度,国际货币体系的改革方案可以分为三种:第一种为完善方案,美元仍为世界主导性货币,在现行国际货币体系下,加强各国间沟通、协调与合作，缓解国际收支不平衡，应对国际金融危机等问题。第二种为多极化方案，构建多元化国际储备货币体系，除美元外，积极发挥欧元、英镑和人民币等国际储备货币功能。第三种为超主权国际货币体系，创造与主权国家脱钩，并能保持币值长期稳定的国际储备货币，从而避免主权信用货币作为储备货币的内在缺陷。

关于国际货币体系改革，许多学者主张先建立多元国际货币体系，再逐步向超主权国际货币体系过渡。夏斌等(2006)指出，为解决储备货币发行国的国内货币政策目标与各国对储备货币需求之间的矛盾，应先建立多元化国际货币体系，再逐步向超主权国家货币体系过渡。黄范章(2010)指出，只有建立与主权国家脱钩的超主权国际货币，国际货币体系的改革才算彻底，但这一改革是渐进的。在建立超主权国际货币体系前，建议应推进多元化国际货币体系。李稻葵等(2010)认为，金融危机后的国际货币体系演变有两种可能方向，一是超主权国际货币体系，二是美元、欧元和人民币构成的多元国际货币体系，他们认为第二种可能性更大。李若谷(2010)认为，推动国际货币体系多元化，才能打破美元的垄断地位，最终实现超主权国际货币体系。白钦先等(2011)认为，国际货币体系改革的关键在于公权力的形成而非“理想设计”，建议先以多极均势的策略制衡美国金融霸权，最终构建超主权货币体系。Angeloni 等(2011)认为，相对于超主权国际货币体系，多元国际货币体系更容易实现。Farhi 等(2011)认为，多元国际货币体系可以通过不断增加储备资产的供应量自然而然地解决特里芬难题，是世界经济稳定之源。

另外，也有学者提出超主权国际货币体系改革方案。Greenwald 等(2009)建议建立以特别提款权为基础的国际货币体系，通过发行特别提款权(Special Drawing Right，SDR)以满足世界对国际储备的需求。特别提款权的分配可以按照每单位经常账户盈余 50%的税率(或其他适当的比例)征税，使各国减少经常账户盈余。周小川(2009)认为，创造一种与主权国家脱钩并能保持币值长期稳定的国际储备货币，从而避免主权信用货币作为储备货币的内在缺陷，是国际货币体系改革的理想目标。他同时指出，SDR 具有超主权储备货币的特征和潜力，应特别考虑充分发挥 SDR 的作用，拓宽 SDR 的使用范围。

2.3　文献评述

通过对金融发展差异、国际货币非对称与经常账户失衡的文献进行梳理和归纳可知，第一，现有文献研究金融发展差异对经常账户失衡的影响，主要侧重储蓄-投资视角、国际资本流动视角和国际分工视角三个方面。通过对上述相关文献进行梳理后发现，金融发展程度越高的国家，往往会出现经常账户赤字；而金融发展程度较低的国家，往往会出现经常账户盈余。但是，现有文献大多采用实证分析方法，研究金融发展差异对经常账户失衡的影响。少量文献从理论模型层面分析了金融发展差异对经常账户失衡的影响，但是分析框架均为两国模型，两国主要在金融发展水平和初始资本存量方面存在差异。因此，如果能够建构小型开放经济的理论框架，可以更全面深入地理解金融发展差异对经常账户失衡的影响。

第二，现有文献研究金融发展差异对经常账户失衡的影响，主要从储蓄-投资视角、国际资本流动视角以及国际分工视角进行研究。在储蓄-投资视角层面，现有文献研究发现，一国金融市场不完善程度越高，家庭之间风险共担程度越低，从而导致家庭预防性储蓄需求越高，进而产生经常账户失衡。在国际资本流动层面，金融市场效率较低使得国内储蓄难以转化为有效投资，迫使国内储蓄以金融资本的形式流入金融市场效率较高的国家；而金融市场效率较高的国家以 FDI 的形式投资于金融市场低效率的国家，并获得高额的资本回报，这样造成了“双向资本流动”。在国际分工层面，以美国和英国为首的金融强国专注金融服务业，而以德国、日本和中国为首的制造强国专注制造业。这种国际分工新形态的形成，造成了目前的经常账户失衡问题。上述文献主要聚焦于金融发展差异与经常账户失衡之间的关系，大多数文献并未研究金融发展差异对家庭福利效应的影响。

第三，通过对国际货币非对称与经常账户失衡的文献进行梳理后发现，现有文献主要侧重于定性分析。现有文献主要对现行国际货币体系的缺陷、国际货币体系与经常账户失衡的关系进行了详细深度的定性分析。现有文献将现行的国际货币体系分为“中心—外围”结构，以亚洲固定汇率等外围国家的经济崛起，重新确立了美国作为国际货币体系的中心国家的地位。外围国家以低估汇率、资本管制和累积外汇储备支持出口导向发展战略，这样导致中心国家出现经常账户赤字，外围国家出现经常账户盈余。少量文献将目前国际货币体系非对称的特点模型化，假设一国货币为国际储备货币，另一国货币为非储备货币，进而构建两国模型研究国际货币非对称对经常账户失衡的影响。因此，如果能够建构小型开放经济的理论框架，可以深入理解小国储备货币需求增加对经常账户失衡的影响。

第四，在探讨国际货币非对称对经常账户失衡的影响时，极少数文献考虑了国际货币体系的非对称性。但是，上述模型并未将国际储备需求冲击引入家庭效用函数中。因此，本书在现有文献的理论基础上，在国际货币非对称的小型开放经济模型和两国模型框架下，将储备货币需求冲击引入非储备货币国家的家庭效用函数中，进一步研究在国际货币非对称条件下，非储备货币国家受到国际储备需求冲击对经常账户失衡的影响。本研究对全面深入理解国际货币非对称与经常账户失衡之间的关系，提供了一个新的研究视角。

2.4 研究方向

鉴于现有文献关于金融发展差异、国际货币非对称与经常账户失衡研究的不足,本书将从以下几个方面进行深入研究和展开拓展。

2.4.1 金融发展差异与经常账户失衡

本书通过研究金融发展差异对经常账户失衡的影响机制,进而构建理论模型研究金融发展差异对经常账户失衡的影响。

第一,梳理金融发展差异对经常账户失衡的各种影响机制。现有文献探讨金融发展差异对经常账户失衡的影响机制,主要侧重于储蓄-投资视角、国际资本流动视角以及国际分工视角三个方面。通过对上述文献进行梳理可以发现:首先,一国金融发展程度越低,家庭之间风险共担程度越低,从而导致家庭预防性储蓄需求越高,进而产生经常账户失衡;其次,一国金融发展程度较低使得国内储蓄难以转化为有效投资,迫使国内储蓄以金融资本的形式流入金融发展水平较高的国家,进而造成经常账户失衡;最后,以美国和英国为首的金融强国专注金融服务业,而以德国、日本和中国为首的制造强国专注制造业,这种金融业-制造业国际分工新形态的形成,造成了目前的经常账户失衡。

第二,构建理论分析框架,研究金融发展差异对经常账户失衡的影响。在新古典模型的框架下,第 3 章和第 4 章构建具有异质家庭部门和特异投资风险的模型,研究金融发展差异对经常账户失衡的影响。上述模型不仅可以分析小型开放经济条件下金融发展差异对经常账户失衡的影响,也可以分析两国模型下金融发展差异对经常账户失衡的影响。在小型开放经济框架下,分析我国开放资本账户,在金融一体化过程中经常账户受到的影响。同时,在两国模型的框架下,分析我国向金融发达国家开放资本账户,在金融一体化过程中两国经常账户余额受到的影响。此外,在小型开放经济和两国模型的框架下,分析了金融一体化对家庭福利效应的影响。

2.4.2 国际货币非对称与经常账户失衡

本书通过研究国际货币非对称对经常账户失衡的影响机制,进而建构理论模型研究国际货币非对称对经常账户失衡的影响。

第一,厘清国际货币非对称对经常账户失衡的影响机制。现有文献主要侧重于定性分析,主要对现行国际货币体系的缺陷、国际货币体系与经常账户失衡的关系进行了详细深度的定性分析。现有文献将现行的国际货币体系分为“中心-外围”结构,以亚洲固定汇率等外围国家的经济崛起,重新确立了美国作为国际货币体系的中心国家的地位。外围国家以低估汇率、资本管制和累积外汇储备支持出口导向发展战略，美国从外围国家进口商品，并以国际货币美元进行支付，外围国家将美元储备投资于美国金融资产，这样就导致中心国家出现经常账户赤字，外围国家出现经常账户盈余。

第二，构建理论分析框架，研究国际货币非对称对经常账户失衡的影响。现有文献探讨国际货币非对称对经常账户失衡的影响，主要侧重于定性分析。少量文献考虑了现行国际货币体系非对称的特点，假设一国货币为储备货币，另一国货币为非储备货币，从而构建两国模型来研究国际货币非对称对经常账户失衡的影响。因此，本书在现有文献的理论基础上，将国际货币非对称的两国模型简化为小型开放经济模型。在小国模型框架下，假设外国的行为外生给定，重点研究小国的储备货币需求增加对经常账户失衡的影响。本研究为深入理解小型开放经济条件下，处于国际货币体系中的非储备货币国，其储备货币需求增加对经常账户失衡产生的影响提供了一个新的诠释，也对现有文献进行了补充。

第三，现有文献在探讨国际货币非对称对经常账户失衡的影响时，鲜有文献将国际储备需求冲击引入家庭效用函数中。因此，本书在现有文献的理论基础上，在国际货币非对称的小型开放经济模型和两国模型框架下，将储备货币需求冲击引入非储备货币国家的家庭效用函数中，进一步研究在国际货币非对称条件下，非储备货币国家受到国际储备需求冲击对经常账户失衡的影响。研究结果表明，在小型开放经济模型和两国模型框架下，非储备货币国家受到国际储备需求正向冲击后，非储备货币国家的经常账户盈余的持续性显著下降。本研究对全面深入理解国际货币非对称、国际储备需求冲击与经常账户失衡之间的关系，提供了一个新的研究视角。

第3章

金融发展差异与经常账户失衡：小国模型

近二三十年来，随着金融全球化加速推进，国际资本流动显著加快，发展中国家和新兴市场经济体日渐融入全球资本市场。自 20 世纪 90 年代以来，发达经济体和新兴市场经济体的金融一体化程度逐步提高。但是，发达经济体和新兴市场经济体之间的金融发展差距仍然显著。与此同时，以美国为代表的发达国家和以中国为首的发展中国家的经常账户失衡问题日益严重，成为近几十年来全球经济发展中突出的经济现象。在金融全球化背景下，金融发展差异成为影响经常账户失衡不可忽视的因素。本书先以小型开放经济模型为基础，在不考虑我国对世界经济影响的情形下，研究金融发展差异对经常账户失衡的影响。在后续的研究中，我们会将小型开放经济模型拓展为两国模型，考虑我国与世界经济在相互影响的情形下，金融发展差异对经常账户失衡的影响。

3.1 理论模型

本章在 Corneli(2017)研究的基础上，将两国开放经济模型简化为小型开放经济模型。该模型存在异质性家庭单位、凸性技术及企业生产风险。模型中小国生产一种同质商品，该产品能用于消费和投资。小国由连续的家庭组成，每个家庭包括一名工人和一位企业家，工人无弹性地向家族企业提供劳动供给，企业家负责经营其家族企业。每个家庭的财富可以在消费、风险生产资本和无风险国际债券之间进行分配。由于金融市场不完全，每个家庭只能在其家族企业内累积资本，因此，家族企业在受到风险冲击时，每个家庭只能将风险部分分散。

在效用函数的设定中，本书参照 Angeletos 等(2011)的设定，偏好采用Epstein 等(1989)的设定形式，这样允许我们区别跨期替代和风险规避。家庭 j 的效用函数可以由公式(3 - 1)表示：

$$U_{jt} = \left[(1-\beta)c_{jt}^{1-\theta} + \beta\left(E_t U_{jt+1}^{1-\gamma}\right)^{\frac{1-\theta}{1-\gamma}}\right]^{\frac{1}{1-\theta}} \tag{3-1}$$

其中，$\gamma>0$，表示相对风险规避系数；$\theta>0$，是跨期替代弹性系数。为便于分析，本书把家庭的问题表示为其拥有的财富的函数。家庭每期财富来自企业家的利润、家庭持有的外国债券收益以及家庭成员的工资收入。同时，家庭每期将其财富用于消费、资本投资以及购买外国债券。家庭 j 的预算约束条件可以表示如下：

$$c_{jt} + k_{jt+1} + b_{jt+1} = \omega_{jt} \tag{3-2}$$

$$\omega_{jt} = \pi_{jt} + R b_{jt} + \Omega_t \tag{3-3}$$

其中，c_{jt}、b_{jt+1}和k_{jt+1}分别表示家庭 j 的消费、持有的外国债券以及拥有的资本量；ω_{jt}和 π_{jt}分别表示家庭 j 的财富及家庭 j 从其拥有的企业获得的利润；R 和Ω_t分别表示世界无风险利率以及实际工资收入。

企业的利润等于产出减去劳动成本，其可以表示如下：

$$\pi_{jt} = f(a_{jt}, k_{jt}, n_{jt}) - \Omega_t n_{jt} \tag{3-4}$$

其中，$f(a_{jt}, k_{jt}, n_{jt}) = a_{jt} k_{jt}^{\alpha} n_{jt}^{1-\alpha} + (1-\delta) k_{jt}$。生产函数是典型的 Cobb-Douglas 函数，资本提前一期决定，其折旧率为 δ。一旦生产冲击a_{jt}实现，企业的资本不能再进行调整。企业在观察到生产冲击a_{jt}后，再决定雇佣多少劳动力。a_{jt}服从对数正态分布，其均值为1，方差为σ^2。参数σ^2可以表示金融市场发展程度。参数σ^2越大，表示金融市场发展程度越低；参数σ^2越小，表示金融市场发展程度越高。

给定生产率冲击的分布假设，模型将产生一个内生的借贷约束，该约束条件每期必须得到满足：

$$b_{jt} \geqslant -h_{jt}, h_{jt} = \sum_{i=1}^{\infty} \frac{\Omega_{t+i}}{R_{t+1} \cdots R_{t+i}} \tag{3-5}$$

其中，h_{jt}是人力财富，可以表示为未来工资的折现流。由于劳动市场是竞争的，均衡时工人获得的工资是相同的，因此，每个家庭部门的人力财富相等，即$h_t = h_{jt}$。

3.1.1 最优化问题

给定工资$\{\Omega_t\}_{t=0}^{\infty}$的确定性序列，家庭单位在预算约束下，选择消费、资本以及无风险债券$\{c_{jt}, k_{jt+1}, b_{jt+1}\}_{t=0}^{\infty}$最大化其终生效用折现和。

类似于 Merton(1969)和 Samuelson(1969)分析的投资组合问题，本书将家庭部门的决策函数给定如下(推导过程详见附录 A)：

$$c_{jt} = (1 - \psi_{t+1})(\omega_{jt} + h_{jt}) \tag{3-6}$$

$$k_{jt+1} = \psi_{t+1} \varphi_{t+1} (\omega_{jt} + h_{jt}) \tag{3-7}$$

$$b_{jt+1} = \psi_{t+1} (1 - \varphi_{t+1})(\omega_{jt} + h_{jt}) - h_{jt} \tag{3-8}$$

$$\psi_{t+1} = \left[1 + \left(\sum_{i=t+1}^{\infty} \prod_{m=t+1}^{i} \beta^{\theta} \rho_m^{\theta-1}\right)^{-1}\right]^{-1} \tag{3-9}$$

其中，ψ_{t+1}表示财富用于储蓄的比例；φ_{t+1}表示投资于企业资本的储蓄比例；ρ_m是经风险调整后的组合回报；h_{jt}是人力资本，可以表示为工资的折现和，$h_{jt} = \sum_{j=1}^{\infty} \frac{\Omega_{t+j}}{R_{t+1} \cdots R_{t+j}}$。式(3-6)表示家庭部门的消费决策函数，可以表示为金融财富和人力财富总和的线性函数；式(3-7)表示家庭部门的资本持有量的决策函数，可以表示为金融财富和人力财富总和的线性函数；式(3-8)是家庭部门持有债券的决策函数，其也可以表示为金融财富和人力财富总和的线性函数。正如 Angeletos(2007)所展示的，φ_{t+1}和ρ_{t+1}可以由如下的公式近似表示：

$$\varphi_{t+1} \approx \frac{\ln(\bar{r}_{t+1}) - \ln R}{\gamma \sigma^2} \tag{3-10}$$

$$\rho_{t+1} \approx R \exp\left\{\frac{[\ln(\alpha k_{t+1}^{\alpha} + 1 - \delta) - \ln R]^2}{2\gamma \sigma^2}\right\} \tag{3-11}$$

其中，$\bar{r}_{t+1}$表示家庭的风险资本回报均值；σ^2表示生产冲击的方差。上述方程将均衡选择定义为有效财富的线性函数，有效财富等于金融财富加上人力财富。家庭决定分配给储蓄和投资的财富比例ψ_t，是贴现率和储蓄回报的函数。事实上，它来自资本和债券一阶条件的欧拉方程。投资于风险资本的资源比例是对家庭投资于生产活动而非无风险资产所获得的风险溢价的衡量，并且金融环境的风险也在降低。生产风险不能通过金融市场保险的部分越高，投资于风险资本的资源量就越低。还需要注意的是，ψ_t受到风险规避参数的负面影响，家庭规避风险程度越高，风险活动中使用的资源量越低。

3.1.2　一般均衡与自给自足稳态

由于消费、资本投资以及债券持有量的决策函数是财富的线性函数，故对上述变量进行加总变为可能，而且财富分布并不影响总体变量的动态变化。另外，由于投资冲击是特异性的，根据大数法则，在总体层面不确定性消失，因此，一般均衡是确定的。在封闭经济体中，债券市场结清时，其净供给为零。另外，劳动市场结清时，其需求等于供给，即

$$B_t = 0 \tag{3-12}$$

$$N_t = 1 \tag{3-13}$$

在后续的分析中，本书参照 Angeletos(2007)和 Corneli(2017)的设定，假设$\theta=1$，该相对风险规避参数的校准值在文献中被广泛使用，且消费倾向参数简化为$\psi_{t+1}=\beta$。对不同的家庭单位进行加总，则家庭的总预算约束表示如下：

$$C_t + K_{t+1} + B_{t+1} = W_t = K_t^{\alpha} + (1-\delta)K_t \tag{3-14}$$

家庭部门的决策函数经过加总后，可进一步变形为

$$C_t = (1-\beta)(W_t + H_t) \tag{3-15}$$

$$K_{t+1} = \beta\varphi_{t+1}(W_t + H_t) \tag{3-16}$$

$$H_t = \frac{\Omega_{t+1} + H_{t+1}}{R}, \Omega_t = (1-\alpha)K_t^{\alpha} \tag{3-17}$$

其中，式(3-15)表示经济体的总消费决策函数；式(3-16)表示经济体的总资本决策函数；式(3-17)表示经济体的人力资本财富。

考虑到资本折旧，此时资本回报均值等于资本的净边际产出。因此，资本投资的倾向φ_{t+1}可以表示如下：

$$\varphi_{t+1} \approx \frac{\ln(\alpha K_{t+1}^{\alpha-1} + 1 - \delta) - \ln R}{\gamma\sigma^2} \tag{3-18}$$

上述方程的含义是，资本累积的均衡路径受到金融市场发展的正向影响。企业冲击波动越低(即σ^2越小)，财富中投资于资本的资源比例越高。

在自给自足情形下，经济体的稳态形式可以表示如下：

$$B = 0 \tag{3-19}$$

$$CA = 0 \tag{3-20}$$

$$C + K = W = K^{\alpha} + (1-\delta)K \tag{3-21}$$

$$H = \frac{(1-\alpha)K^{\alpha}}{R-1} \tag{3-22}$$

$$C = (1-\beta)[K^{\alpha} + (1-\delta)K + H] \tag{3-23}$$

$$K = \beta\varphi[K^{\alpha} + (1-\delta)K + H] \tag{3-24}$$

$$\varphi \approx \frac{\ln(\alpha K^{\alpha-1} + 1 - \delta) - \ln R}{\gamma \sigma^{2}} \tag{3-25}$$

其中，式(3－19)表示在自给自足稳态下，经济体持有的外国无风险债券为0；式(3－20)表示在自给自足稳态下，本国的经常账户余额为0；式(3－21)表示在自给自足稳态下，本国的商品市场结清条件；式(3－22)表示自给自足稳态下，本国的人力资本财富与资本总量之间的关系；式(3－23)表示自给自足稳态下，经济体总消费的决策函数，它可以表示为金融财富和人力资本财富总和的线性函数；式(3－24)表示在自给自足稳态下，经济体资本总量的决策函数，它也可以表示金融财富和人力资本财富总和的线性函数；式(3－25)表示自给自足稳态下，总储蓄中投资于风险资本的比例。

图3－1表示主要变量的稳态值为σ的函数，σ的取值范围为0～1.1。Angeletos(2007)证明，对于模型参数的合理值，资本存量是σ^2的减函数。由图3－1可以直观看到，随着σ取值的增加，即金融欠发达程度上升，稳态资本存量呈现递减趋势。以资本边际产出和无风险利率之差衡量的风险溢价，随着σ取值的增加，风险溢价呈现递增态势。由于金融市场欠发达与稳态资本量存在负向关联，因此，随着金融欠发达程度的上升(σ增加)，稳态资本量出现下降，进而导致稳态产出、稳态消费、稳态工资以及稳态财富均出现下降，这正如图3－1所示。

通过对式(3－21)至式(3－25)进行合并整理，可以得到如下表达式：

$$K^{1-\alpha}[1-\beta(1-\delta)] = \beta - \frac{(1-\alpha)(1-\beta)}{R-1} \tag{3-26}$$

$$\frac{1-\beta(1-\delta)}{\beta\varphi}K^{1-\alpha} = \frac{R-\alpha}{R-1} \tag{3-27}$$

其中，式(3－26)表示代表性家庭的储蓄决策或资本供给，该方程意味着无风险利率与资本存量之间存在正向关系：较高的利率会促使家庭推迟消费，从而有更多的资源转化为储蓄及投资。式(3－27)表示企业家的资本需求或投资决策。考虑到资本回报率递减，为使风险调整后的资本回报率等于利率，无风险债券的利率愈高意味着资本存量愈低。图3－2非常直观地反映了式(3－26)和式(3－27)的关系。由图3－2可以明显看出，随着世界无风险利率上升，资本供给呈现递增趋势，而资本需求却出现下降趋势，即资本供给曲线向上倾斜，资本需求曲线向下倾斜。

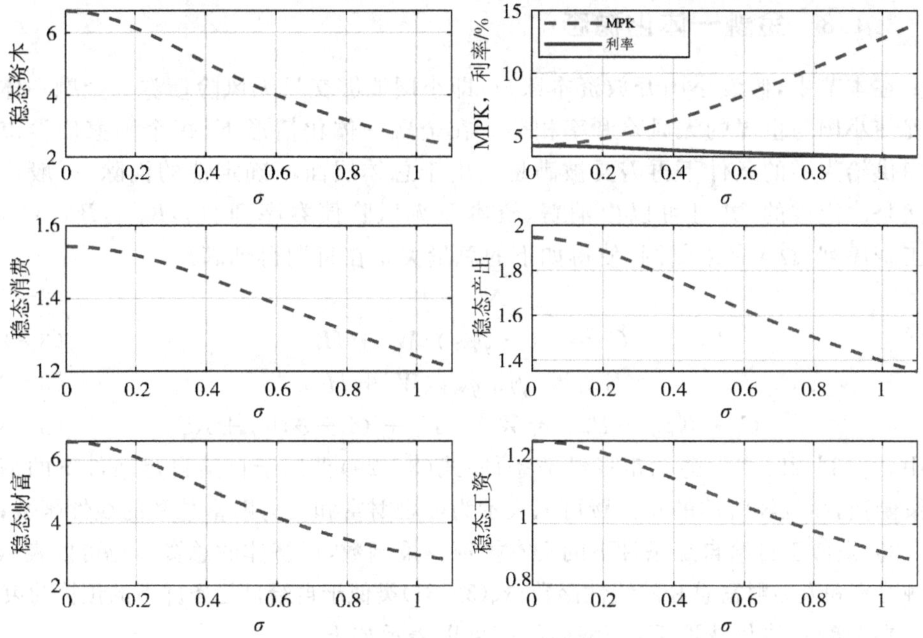

图 3-1　不可分散风险 σ 对主要变量稳态值的影响①

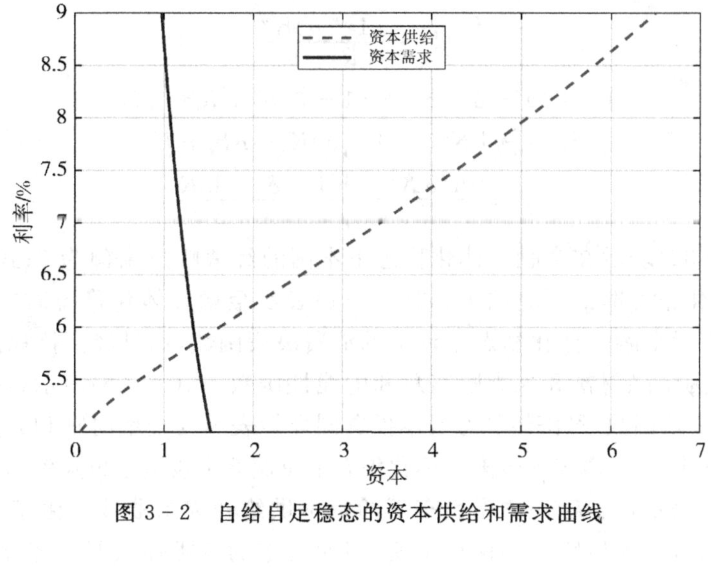

图 3-2　自给自足稳态的资本供给和需求曲线

① MPK 是指资本的边际生产率(marginal product of capital)。

3.1.3　金融一体化稳态

在本节中，假设小国开放资本账户，即小国能够交易无风险债券。金融一体化会促使小国与世界的无风险利率相等。在金融一体化情形下，每个国家债券市场的净供给为零的条件不再需要被满足。由于总体层面不确定性的消除，一般均衡仍然是决定性的，并且可以由消费、资本及无风险债券序列$\{C_t, K_{t+1}, B_{t+1}\}_{t=0}^{\infty}$以及工资序列$\{\Omega_t\}_{t=0}^{\infty}$来刻画，使得如下的总量关系在每期得到满足：

$$N_t = 1 \tag{3-28}$$

$$C_t = (1-\psi_{t+1})(W_t + H_t) \tag{3-29}$$

$$K_{t+1} = \psi_{t+1}\varphi_{t+1}(W_t + H_t) \tag{3-30}$$

$$C_t + K_{t+1} + B_{t+1} = W_t = K_t^{\alpha} + (1-\delta)K_t + RB_t \tag{3-31}$$

其中，式(3-28)表示劳动市场结清条件；式(3-29)类似于自给自足条件下的消费决策函数，而且经济体的总消费可以表示为金融财富和人力财富总和的线性函数；式(3-30)类似于自给自足条件下的资本投资决策函数，经济体的总资本也可以表示为金融财富和人力财富总和的线性函数；式(3-31)类似于自给自足条件下的预算约束。

在金融一体化情形下，经济体稳态可以表示如下：

$$CA = 0 \tag{3-32}$$

$$C = K^{\alpha} - \delta K + (R-1)B \tag{3-33}$$

$$H = \frac{(1-\alpha)K^{\alpha}}{R-1} \tag{3-34}$$

$$C = (1-\beta)[K^{\alpha} + (1-\delta)K + RB + H] \tag{3-35}$$

$$K = \beta\varphi[K^{\alpha} + (1-\delta)K + RB + H] \tag{3-36}$$

$$\varphi \approx \frac{\ln(\alpha K^{\alpha-1} + 1 - \delta) - \ln R}{\gamma\sigma^2} \tag{3-37}$$

其中，式(3-32)表示在金融一体化稳态下本国的经常账户余额为0；式(3-33)表示金融一体化稳态时的预算约束；式(3-34)表示金融一体化稳态时的人力财富；式(3-35)表示金融一体化稳态条件下的消费决策函数，而且经济体稳态的总消费也可以表示为金融财富和人力财富总和的线性函数；式(3-36)表示金融一体化稳态下的投资决策函数，经济体稳态资本投资同样能表示为金融财富和人力财富总和的线性函数；式(3-37)表示金融一体化稳态下总储蓄中投资于风险资本的比例。

图3-3表示在金融一体化稳态下的资本供给和需求曲线。由于在小型开放经济模型下，世界无风险利率保持不变，因而资本的需求曲线是一条水平直线，而资本供给曲线向右上方倾斜。通过比较图3-2和图3-3可知，在金融一体化稳态下，我国的稳态资本存量要高于自给自足稳态下的资本水平。上述研究结果与Corneli(2017)的结论基本一致。

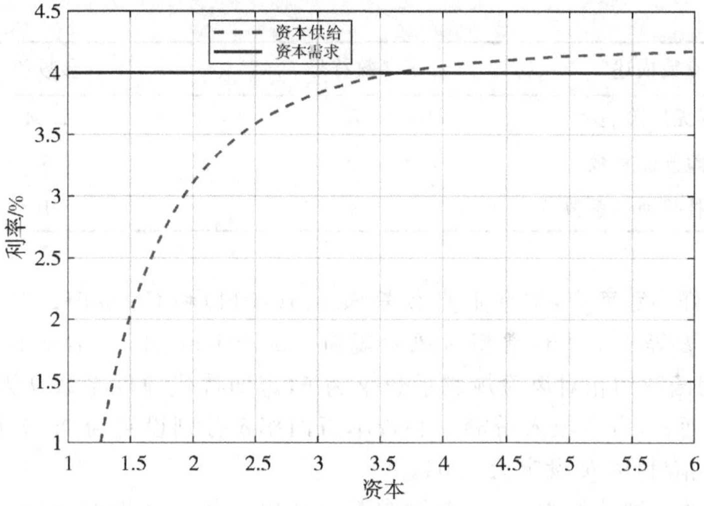

图 3-3 金融一体化稳态的资本供给和需求曲线

3.2 转型动态

在本节中，首先对模型参数进行校准，然后模拟我国从自给自足稳态、非自给自足稳态向金融一体化稳态转型过程中的动态变化。具体而言，本节主要对两种情形进行了模拟：一是假设转型初期我国尚未处于自给自足稳态，此时决定开放资本账户；二是假设转型初期我国处于自给自足稳态，然后决定开放资本账户，同世界进行无风险债券交易。值得注意的是，上述模拟是为凸显仍处于资本累积进程中的发展中国家，在其向金融发展程度更高的国家开放资本账户时，金融一体化对自身资本累积、消费、产出、外国净资产以及经常账户余额的影响。

3.2.1 参数校准

本章模型参数在年度基础上进行设定，模型中每期代表 1 年，表 3-1 概括了模型中涉及的所有参数。

表 3-1 模型参数

参数描述	参数符号	参数值
资本收入份额	α	0.35
资本折旧率	δ	0.06
跨期折现因子	β	0.96
特异投资风险系数	σ	0.88

续表

参数描述	参数符号	参数值
世界无风险利率	R	1.04
风险规避系数	γ	6
跨期替代弹性系数	θ	1

对于偏好参数而言，本章主要参考 Sandri(2014)和 Corneli(2017)的设定，跨期折现因子 β 等于 0.96，常相对风险规避(coefficient of relative risk aversion, CRRA)效用函数的相对风险规避系数 γ 为 6，跨期替代弹性系数 θ 为 1。对于生产技术参数而言，资本收入份额 α 和资本折旧率 δ 分别设定为 0.35 和 0.06。此外，世界无风险利率 R 设定为 1.04。

在本章的模拟分析中，一个关键参数是金融一体化初期时中国的资本存量。Corneli(2017)研究发现，金融发展程度较低的国家在金融一体化过程中，其初始资本存量能显著影响向稳态收敛的速度。因此，在下面的模拟中，本书主要考虑两种情形：一是在金融一体化初期我国未处于自给自足稳态，假设此时其资本存量为自给自足稳态下的 85%；二是在金融一体化初期我国处于自给自足稳态，其资本存量等于自给自足稳态时的资本水平。

对于特异投资风险系数 σ，Angeletos 等(2011)利用类似的模型分析了金融全球化对资本流动的影响。基于美国数据的经验估计，他们将特异投资风险的标准差设为 0.5。Moskowitz 等(2002)建议将特异风险系数 σ 设为 0.5，这也等于美国上市公司的特异波动率。Corneli(2017)使用经过风险调整后的利率数据，对发达国家和新兴经济体的生产率冲击波动进行了估计，并将发达国家和新兴经济体的特异生产率冲击分别设定为 0.71 和 0.88。本书完全参照 Corneli(2017)的做法，将中国的投资风险系数设定为 0.88。

3.2.2　模拟分析

为了模拟经济体从自给自足稳态、非自给自足稳态向金融一体化稳态的动态转型过程，本书采用 Dynare(Griffoli,2013)进行模拟分析。

本节主要对两种情形进行模拟：一是我国向自给自足稳态收敛。假设我国的初始资本水平为 K_0，其不断朝自给自足稳态进行收敛，并最终达到自给自足稳态资本水平 K^{aut}。二是我国向金融一体化稳态收敛。假设我国的初始资本水平为 K_0，此时决定向世界开放资本账户，我国逐渐收敛至金融一体化稳态，并最终达到金融一体化稳态的资本水平 K^{int}。本节比较了我国向两种不同稳态(自给自足稳态和金融一体化稳态)的收敛情形，并展示了我国主要经济变量的动态转型过程。

1. 自给自足稳态的情形

图 3-4 展示了我国主要经济变量向自给自足稳态过渡的转型路径，其中利率以百分数(%)表示，消费、资本和产出分别表示为其稳态的相对值。在模拟的过程中，将我国初始资本水平设定为自给自足稳态资本存量的 85%。由图 3-4 可以直观地看出，整个转型路径相当平滑，需要近 20 年才能完成。随着时间的推进，我国的资本、消费以及产出水平逐渐趋近于其自给自足的稳态水平。同时，随着资本存量的上升，我国的利率呈现先升后降态势，最后逐渐趋于自给自足稳态。

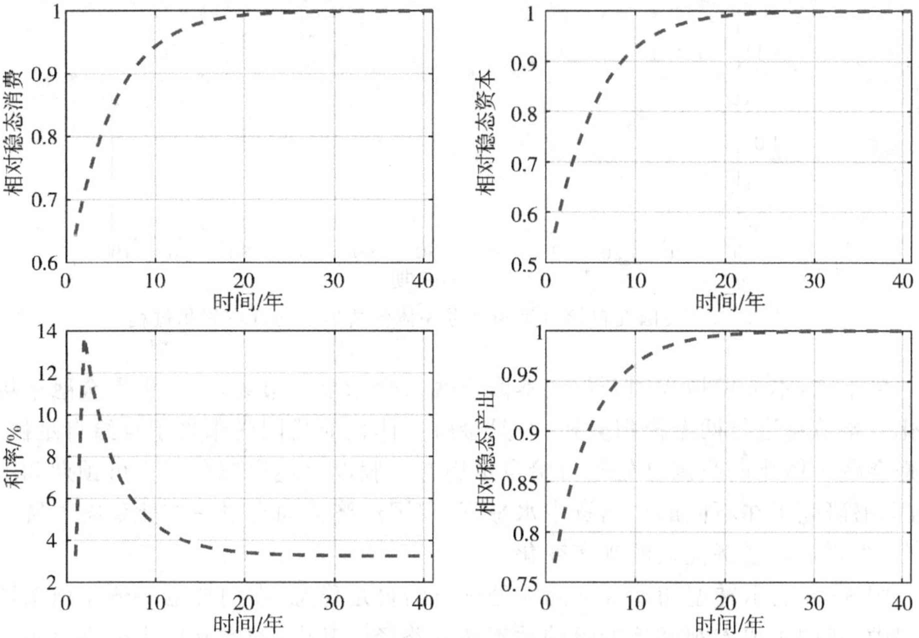

图 3-4　我国向自给自足稳态的转型过程

2. 金融一体化稳态的情形

图 3-5 表示在自给自足和金融一体化情形下，我国资本累积的动态过程。在模拟过程中，第 1 期——我国处于自给自足状态，第 2 期——我国与世界金融市场一体化。由于金融一体化时刻初始资本水平决定了短期和中期的转型路径，因此在模拟过程中，将我国初始资本水平设定为自给自足稳态资本存量的 85%。由图 3-5可以直观地看出，在前 12 期左右，我国在金融一体化情形下的资本水平要高于自给自足情形。这主要是因为，金融一体化下的无风险利率低于自给自足情形下的无风险利率水平，这样使得企业愿意对风险生产进行投资，进而导致金融一体化下的资本水平高于自给自足情形。但是，经过 12 期之后，金融一体化情形下的资本水平低于自给自足情形。因为在金融一体化情形下，我国家庭部门通过持有

世界无风险债券能够多样化投资组合。长期而言，金融一体化稳态时的资本水平要高于自给自足稳态情形。因此，相较于自给自足情形，金融一体化在短期和长期内能提高资本存量，而金融一体化在中期内却导致资本存量下降。

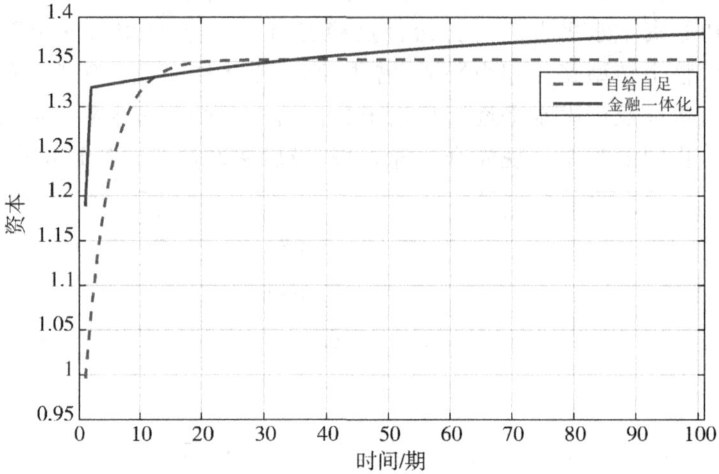

图 3－5　我国在自给自足和金融一体化情形下的资本累积过程

接下来，本节模拟我国开放资本账户融入全球金融市场，并与世界金融市场一体化。本节将进行两个模拟分析：一是金融一体化前我国尚未处于自给自足稳态；二是金融一体化前我国已处于自给自足稳态。假设上述模拟分析不可预期和不可逆，本书研究了在不同的初始资本水平下，我国经济体向金融一体化稳态的转型过程中，主要宏观经济变量的动态变化。

图 3－6 表示转型初期我国尚未处于自给自足稳态，在向金融一体化稳态转型过程中，我国主要宏观经济变量的动态转型路径。其中，资本和产出分别表示为各自初始值的百分比，消费、经常账户和外国净资产分别表示为产出的百分比。由图 3－6 可以直观地看出，随着金融一体化，我国家庭部门面临的无风险利率立即下降。金融一体化之前，我国面临的无风险利率与金融一体化利率的差异决定了其他宏观经济变量的反应。在资本账户开放时刻，我国家庭部门面临的无风险利率要高于金融一体化利率。此时，当我国开放资本账户后，我国家庭部门愿意将更多储蓄资源投入有风险的生产活动中。一方面，因为此时经过风险调整后的资本回报率高于金融一体化利率；另一方面，由于我国家庭部门面临的无风险利率下降，家庭部门的借贷成本也随之下降，我国家庭部门会发行债券为风险资本投资融资。上述两方面原因都会促使我国家庭部门增加资本积累。正如图 3－6 所示，我国家庭部门面临的无风险利率下降会促进我国的资本累积，产出水平也会相应上升。相较于金融一体化初期，我国资本存量上升逾 10%，经济体产出水平增加近 4%。此外，随着我国家庭部门发行债券为风险资本投资，我国持有的外国债务出现增

加，导致我国在金融一体化初期出现经常账户赤字。另外，随着我国资本和产出水平上升，我国家庭部门的消费水平也随之增加。但是，由于产出增速高于消费增速，我国家庭消费比重出现下滑。

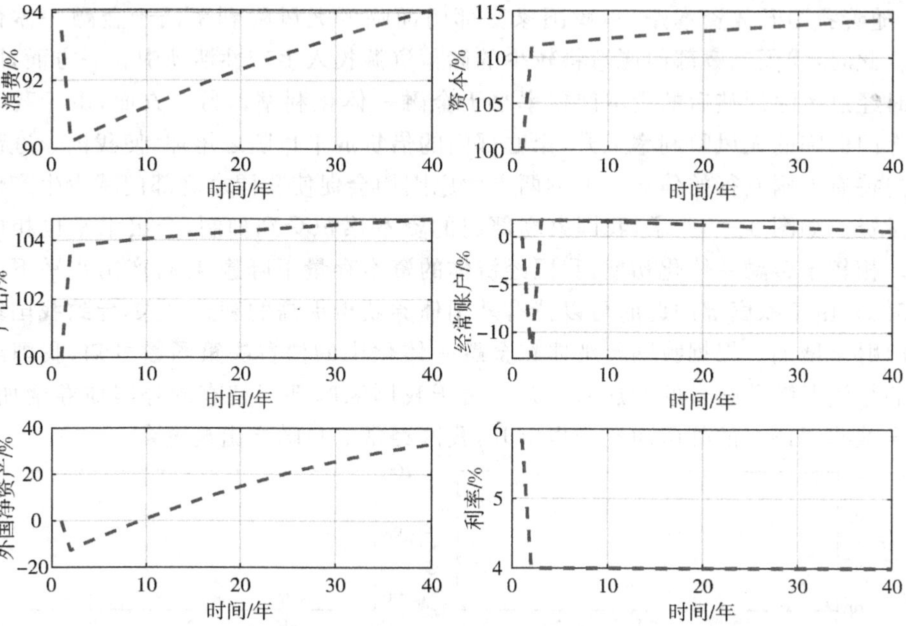

图3－6　非自给自足稳态向金融一体化稳态的转型过程

在金融一体化转型过程中，由于我国是小型开放经济体，其面临的全球金融一体化利率保持不变。由于金融一体化之后，我国家庭部门面临无风险利率下降的问题，使得我国家庭部门通过向外国借贷为风险资本进行融资。此外，由于我国的资本边际产出高于向外国借贷的成本，导致我国经济体的总财富逐渐上升。由于我国经济体的总消费是总财富的线性函数，因此我国经济体的总消费水平也不断增加。与此同时，随着我国经济体的资本不断累积，我国的资本边际产出逐渐下降，导致我国投资于生产性活动的资本风险溢价不断下滑，造成我国总储蓄中分配给风险资本投资的比例减少。根据我国经济体在金融一体化中的资本投资决策函数，总储蓄资源中分配给风险资本投资的比例下降，会造成我国总资本存量下滑。同时，由于我国经济体的总资本是总财富的线性函数，我国的总资本也会随总财富的增加而上升。在上述两种力量的作用下，我国经济体的财富效应居于主导地位。因而，我国的总资本随着经济体总财富的增加而上升。随着我国经济体的总资本存量不断增加，我国经济体的总产出水平也随之上升。另外，由于我国资本的风险溢价不断下滑，我国持有的外国债券会逐渐上升，进而导致我国持有的外国净资产也不断增加。随着我国持有的外国净资产不断增加，我国经常账户将出现盈余。

图 3-7 表示我国由自给自足稳态向金融一体化稳态转型过程中，我国主要宏观经济变量的动态转型路径。其中，资本和产出分别表示为各自初始值的百分比，消费、经常账户和外国净资产分别表示为产出的百分比。由图 3-7 可以明显看出，随着我国开放资本账户，我国家庭部门面临的无风险利率低于金融一体化利率。此时，我国家庭部门愿意将较少的储蓄资源投入生产性活动中。一方面，因为此时经过风险调整后的资本回报率小于金融一体化利率。另一方面，由于我国家庭部门面临的无风险利率上升，家庭部门的借贷成本也随之增加，使我国家庭部门转向持有外国发行的债券。上述两方面原因均会促使我国家庭部门减少生产性资本投资。如图 3-7 所示，我国家庭部门的资本累积受到抑制，产出水平也相应下降。相较于金融一体化初期，我国经济体的资本存量下降逾 4%，产出水平下滑逾 1.5%。由于家庭部门此时可以持有外国债券获得更高的利息收入，导致我国家庭部门财富增加。根据我国经济体在金融一体化中的消费决策函数可知，我国经济体的总消费随着财富的增加而上升。由于我国家庭部门持有的外国债券增加，进而导致我国持有的外国净资产也上升，我国经常账户随之出现盈余。

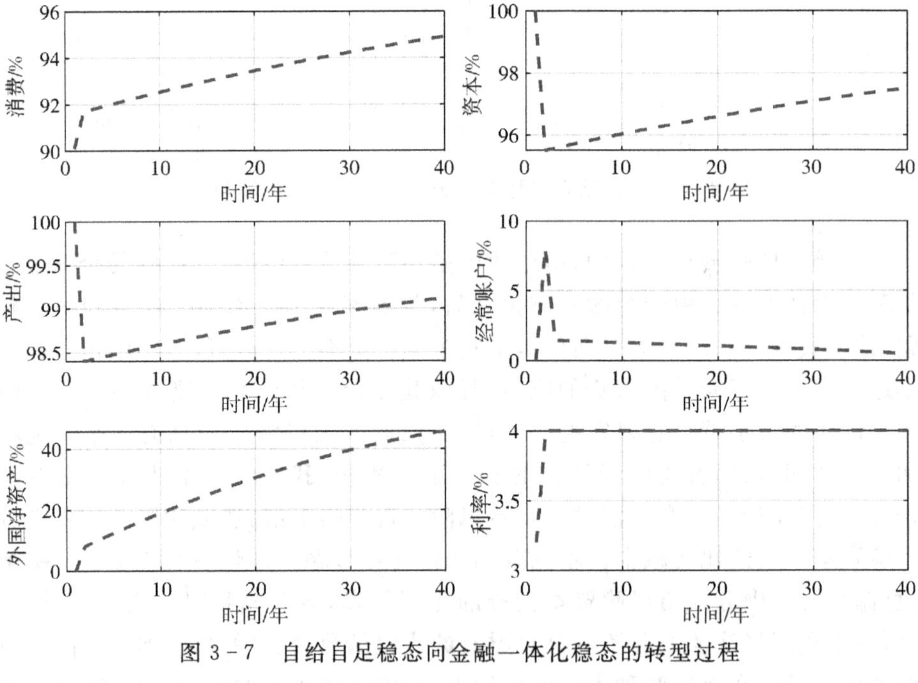

图 3-7 自给自足稳态向金融一体化稳态的转型过程

在金融一体化转型过程中，由于我国是小型开放经济体，其面临的金融一体化利率保持不变。由于开放资本账户之后，我国家庭部门面临的无风险利率上升，此时，我国家庭部门将部分储蓄资源从资本投资转向持有外国债券，进而导致我国经济体的总财富提升。在我国经济体的决策函数中，由于总消费是总财富的线性函数，因此我国经济体的总消费水平随之上升。与此同时，由于我国家庭部门面临的无风险利率上升，造成我国投资于生产性活动的资本风险溢价不断下滑，使得我国家庭愿意分配给资本投资的储蓄比例下降。根据金融一体化条件下的资本投资决策函数，分配给资本投资的储蓄比例下降，会造成我国经济体的总资本存量收缩。但是，由于我国经济体的总资本是总财富的线性函数，我国的总资本也会随总财富的增加而上升。在上述两种力量的作用下，我国经济体的财富效应居于主导地位。因而，我国的总资本随着经济体总财富的增加而上升。随着我国经济体的总资本存量不断增加，我国经济体的总产出水平也随之上升。另外，由于我国资本的风险溢价不断下滑，我国持有的外国债券会逐渐上升，进而导致我国持有的外国净资产也不断增加。随着我国持有的外国净资产不断增加，我国经常账户出现盈余。

综上所述，如果转型初期我国尚未处于自给自足稳态，随着我国资本账户开放，在短期内，我国资本出现净流入，外国持有我国的净资产上升，我国经常账户出现赤字。随着我国出现资本净流入，我国资本存量不断上升，产出也随之扩张。在中长期内，随着我国资本风险溢价不断下降，我国资本处于净流出的状态，表现为持有的外国净资产上升，我国经常账户出现盈余，但经常账户比重不断下降。如果转型初期我国处于自给自足稳态，随着我国开放资本账户，在短期内，我国资本出现净流出，持有的外国净资产上升，我国经常账户出现盈余。随着我国出现资本净流出，我国资本存量出现下滑，产出也随之下降。在中长期内，随着我国资本风险溢价不断下降，我国资本也处于净流出的状态，表现为持有的外国净资产上升，我国经常账户仍然保持盈余，但是经常账户比重不断下降。

在自给自足稳态、非自给自足稳态向金融一体化稳态的模拟研究中，随着我国开放资本账户，无论我国转型初期处于何种状态，长期而言，我国资本将出现净流出，从金融发展程度较低的国家流向金融发展程度较高的国家或地区。该结果与 Prasad 等（2007）的观察结果基本一致，Prasad 等（2007）的研究结果显示，直到 20 世纪90 年代末，资本进口国都是较贫穷的国家和经济体。而在过去十年中，较富裕的国家和经济体往往会吸引净资本流入。可见，本书也从金融发展差异角度解释了“卢卡斯悖论”。

3.3　福利分析

本节考察金融一体化带来的福利效应。上述小国生产单一的同质商品，因此，贸易收益来自相对价格调整和资本重新分配（资本在生产活动和无风险资产之间分配）的可能。然而，由于异质家庭单位假设，正如 Mendoza 等（2007，2009）和 Corneli（2009）所述，金融一体化对福利的影响在每个国家的差异也非常大，这取决于资本账户自由化每个家庭单位的财富。特别地，在新兴经济体实行金融自由化后，穷人的境况更好，因为他们对累积债务支付的利息较低；而富人的境况更糟，因为他们获得的无风险资产回报率较低。而在发达经济体，上述情况正好相反。正如 Mendoza 等(2009)所描述的，无风险利率的变化支配资本再分配带来的积极福利效应(即新兴经济体资本积累加快，发达经济体资本减少)。因此，金融一体化具有重要的再分配效应。为了比较我国经济体的福利效应，本书再次聚焦总消费水平或“平均家庭部门”的消费路径。在金融自由化之际，“平均家庭部门”的财产为零，其生产率冲击实现值是整个过渡期的预期值。

为了度量金融一体化的福利效应，本书参照 Corneli(2017)的处理方法，计算希克斯等价变化 EV。希克斯等价变化 EV 的定义是，为保持自给自足状态而非转向金融一体化，家庭部门必须接受的消费量。这表示在资本账户自由化时，家庭部门为了在自给自足和金融一体化之间无差异而保持的消费量。本节分别用C^{aut}、C_0^{int}和C^{int}表示自给自足稳态、金融一体化初期和金融一体化稳态的消费。首先，本书计算家庭部门在自给自足稳态和金融一体化初期的福利效应，即$C^{aut}+EV=C_0^{int}$。然后，本书计算家庭部门在自给自足稳态和金融一体化稳态的福利效应，即$C^{aut}+EV=C^{int}$。因此，如果 EV 为正值，则意味着我国家庭部门更愿意转向金融一体化(金融一体化提高了福利)；如果 EV 为负值，则意味着自给自足福利更高(金融一体化降低了福利)。

图 3-8 表示在自给自足和金融一体化情形下我国的消费路径。由图 3-8 可以直观地看出，在金融一体化时刻，我国消费出现暂时下降，经过 14 年恢复到自给自足稳态的消费水平，随后我国在金融一体化情形下的消费水平始终高于自给自足稳态的消费水平。因此，通过上述分析可以发现：如果转型初期我国处于自给自足稳态，金融一体化在初期会对我国的福利产生负面影响，其福利水平将下降2.1%；在长期内，金融一体化会对我国的福利产生正面影响，其福利水平将上升 2.5%。

另外，本节也分析了我国由非自给自足稳态向金融一体化稳态转型的福利效应。图 3-9 展示了非自给自足稳态和金融一体化情形下的我国消费路径。由图 3-9 可以明显看出，如果转型初期我国处于非自给自足稳态，在金融一体化时刻，我国家庭部门的消费水平立刻跃升至自给自足消费路径上。但是，随着时间的推进，在金融一体化的转型过程中，其消费水平被自给自足情形下的消费水平反超。然而，在最终的金融一体化稳态，我国家庭部门的消费水平仍然要高于其在自给自足稳态的消费水平。总体而言，在短期内，金融一体化会对我国的福利产生积极影响，其福利水平将上升 8.7%；在长期内，金融一体化会对我国的福利产生正面影响，其福利水平将上升 1.0%。

在金融一体化的福利效应分析中，本章模型的福利效应对金融一体化时我国的初始资本水平比较敏感。表 3-2 列出了我国处于自给自足稳态和非自给自足稳态的福利效应。由表 3-2 可以清楚地看到，如果转型初期我国处于自给自足稳

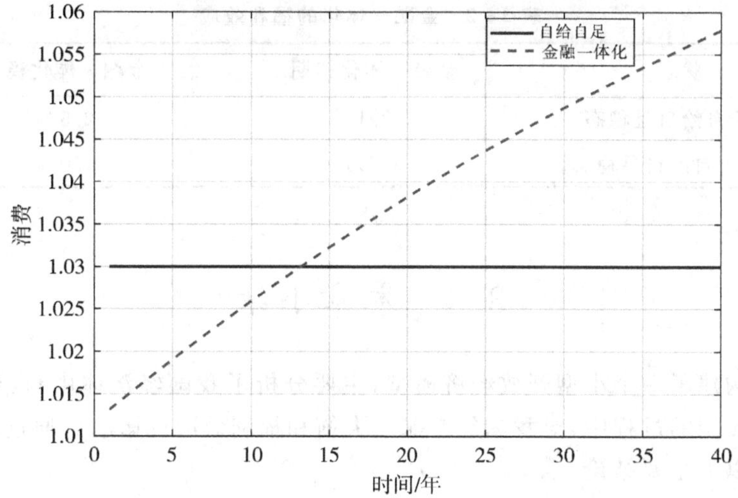

图3-8 自给自足稳态和金融一体化的消费

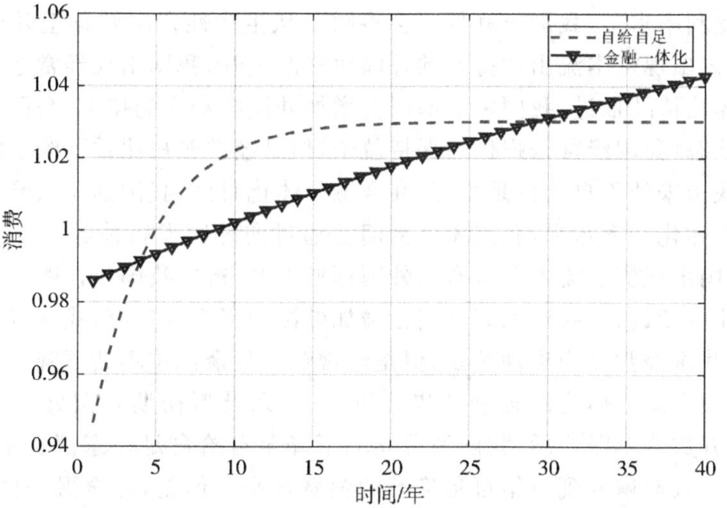

图3-9 非自给自足稳态和金融一体化的消费

态,金融一体化在短期内将对我国福利产生负面影响,我国福利水平会下降2.1%;在长期内,金融一体化将对我国福利产生正面影响,我国福利水平会上升2.5%。如果转型初期我国处于非自给自足稳态,金融一体化在短期内将对我国福利产生正面影响,我国福利水平会上升8.7%;在长期内,金融一体化也将对我国福利产生积极影响,我国福利水平会增加1.0%。总而言之,金融一体化对我国福利的影响与转型初期我国所处的初始状态密切相关。

表 3-2 金融一体化的福利效应

状态	金融一体化初期	金融一体化稳态
处于自给自足稳态	−2.1%	2.5%
未处于自给自足稳态	8.7%	1.0%

3.4 本章小结

本章构建了一个小型开放经济模型，主要分析了我国经济体由自给自足向金融一体化转型的过程中，对我国经常账户失衡和福利效应的影响。通过模拟分析，本章得出以下主要结论：

第一，金融发展差异对经常账户的影响依赖于经济体的初始状态。①如果转型初期我国处于自给自足稳态，在金融一体化时刻，我国的无风险利率立即攀升至金融一体化利率水平，我国家庭部门会将财富从生产性资本转移至外国无风险债券，导致我国出现资本流出和持有的外国净资产上升，我国出现经常账户盈余。随着金融一体化持续推进，我国家庭部门会增加外国净资产的持有，我国资本也处于净流出的状态，我国经常账户仍然保持盈余，但是经常账户比重不断下降。②如果转型初期我国未处于自给自足稳态，在金融一体化时刻，我国的无风险利率立即下降至金融一体化利率水平，我国家庭部门会通过向外国发行债券为生产性资本融资，导致我国出现资本流入和持有的外国债务上升，造成我国经常账户赤字。随着金融一体化持续进行，我国家庭部门会增加外国净资产的持有，我国资本处于净流出的状态，我国经常账户出现盈余，但是经常账户盈余比重不断下降。

第二，在金融一体化的福利效应分析中，如果转型初期我国处于自给自足稳态，当我国开放资本账户后，我国消费立刻下降至自给自足稳态消费水平之下，随后经过 14 年逐渐恢复到自给自足稳态的消费水平。但是，在金融一体化稳态，我国家庭部门的消费水平仍高于自给自足稳态的消费。总体而言，在短期内，金融一体化会对我国的福利产生负面影响，其福利水平将下降 2.1%；但是，在长期内，金融一体化会对我国的福利产生正面影响，其福利水平将上升 2.5%。因此，在我国处于自给自足稳态的情形下，金融一体化在短期和长期内对我国的福利影响会出现分化。

第三，如果转型初期我国未处于自给自足稳态，当我国开放资本账户时，我国家庭部门的消费水平立刻跃升至自给自足消费路径上。但是，随着时间的推进，在金融一体化的转型过程中，其消费水平被自给自足情形下的消费反超。然而，在最终的金融一体化稳态，我国家庭部门的消费水平仍然要高于其在自给自足稳态的消费水平。总体而言，在短期内，金融一体化对我国的福利产生了积极影响，其福利水平将上升 8.7%；在长期内，金融一体化也对我国的福利产生了正面影响，其福利水平将上升 1.0%。因此，在我国未处于自给自足稳态的情形下，金融一体化在短期和长期内都将对我国的福利产生正面影响。

第4章

金融发展差异与经常账户失衡：两国模型

第 3 章在小型开放模型的框架下，研究了我国由自给自足向金融一体化稳态的转型过程中，金融发展差异对经常账户失衡的影响。同时，第 3 章也分析了金融一体化的福利效应。第 3 章研究的是小国模型，其缺陷是未考虑我国对世界经济的影响。然而，自 2001 年中国加入世界贸易组织以来，随着中国经济逐渐融入全球市场以及中国产业深度融入全球价值链，中国经济取得了突飞猛进的发展，中国经济总量在全球经济中的比重大幅提升。1980 年中国 GDP 在全球 GDP 中的比重仅为 2.1%，2018 年该比值上升至 16.7%，中国经济规模由排名靠后逆转为仅次于美国的全球第二大经济体。在此过程中，中国与世界各国的经济交往日益频繁，中国经济发展对全球经济的影响与日俱增。与此同时，随着中国金融对外开放程度不断提高，中国金融发展取得了长足进步。但是，同美国等金融发达国家相比，我国的金融发展水平仍然存在差距。在金融全球化背景下，中美两国的经常账户失衡问题日趋严重，金融发展差异在经常账户失衡中扮演了不可忽视的关键作用。因此，本书在第 3 章小型开放经济模型的基础上，将小国模型拓展为两国模型，考虑中国与美国在相互影响的情形下，金融发展差异对经常账户失衡的影响。

4.1　理论模型

本章的模型设定以 Corneli(2017)的研究为基础。该模型是典型的新古典经济模型，具有异质性家庭部门、凸性技术以及企业特异风险。模型中存在两个国家，国家 $j \in [1,2]$。两国生产一种同质商品，该商品能用于消费和投资。每个国家由连续的家庭组成，每个家庭包括一名工人和一位企业家，工人无弹性地向家族企业提供劳动供给(经济体劳动总供给单位化为 1)，企业家负责经营其家族企业。每个家庭的财富可以在消费、风险生产资本和无风险债券之间进行分配。由于金融市场不完全，每个家庭只能在自己的家族企业内累积资本，因此，家族企业在受到风险冲击时，每个家庭只能对风险进行部分分散。

4.1.1　企业部门

企业家投资资本及雇佣劳动进行生产活动，其生产函数可以由 Cobb-Douglas 函数表示如下：

$$y_{jit} = k_{jit}^{\alpha} l_{jit}^{1-\alpha} (0 < \alpha < 1) \tag{4-1}$$

其中，α 表示资本在生产中的份额；k_{jit} 和 l_{jit} 分别为国家 j 的企业 i 租赁的资本及雇佣的劳动。在劳动市场结清工资Ω_{jt}给定的条件下，企业家通过选择最优的劳动需求来最大化其收益函数，这样企业家的最大化问题可以由如下的公式表示：

$$\pi_{jit} = k_{jit}^{\alpha} l_{jit}^{1-\alpha} - \Omega_{jt} l_{jit} + (1-\delta)k_{jit} \tag{4-2}$$

通过对上式的l_{jit}求导，可以得到国家 j 的企业 i 的利润最大化时的劳动需求函数$l_{jit} = \left(\frac{1-\alpha}{\Omega_{jt}}\right)^{\frac{1}{\alpha}} k_{jit}$。将劳动需求函数代入式(4－2)，则可以得到国家 j 的企业 i 的收益函数：

$$\pi_{jit} = \left[\alpha\left(\frac{1-\alpha}{\Omega_{jt}}\right)^{\frac{1-\alpha}{\alpha}} + (1-\delta)\right]k_{jit} \equiv F_{jt}^{k} k_{jit} \tag{4-3}$$

式中，Ω_{jt}表示国家 j 的工资水平；F_{jt}^{k}表示国家 j 的资本回报率。值得注意的是，企业的收益是其资本存量的线性函数。由于企业活动具有风险，因此，其实际收益给定如下：

$$\epsilon_{it} F_{jt}^{k} k_{jit} \tag{4-4}$$

其中，ϵ_{it}为对数正态分布的特异冲击，其均值为 1，方差为σ^2。值得注意的是，在单个企业家层面，企业家的收益是其资本存量的线性函数，这样允许对决策函数进行简单近似和加总。

给定特异冲击的分布假设，模型将产生一个内生的借贷约束，该约束条件每期必须得到满足：

$$b_{jt} \geqslant -h_{jt}, h_{jt} = \sum_{i=1}^{\infty} \frac{\Omega_{t+i}}{R_{jt+1}\cdots R_{jt+i}} \tag{4-5}$$

其中，h_{jt}是国家 j 的人力财富，其可以表示为未来工资的折现流。由于劳动市场是竞争的，均衡时工人获得的工资是相同的，因此，国家 j 的每个家庭部门的人力财富相等，即$h_{jt} = h_{jit}$。

4.1.2 家庭部门

在效用函数的设定中，本书参照 Angeletos 等(2011)的设定，偏好采用Epstein等(1989)的设定形式，这样允许我们区别跨期替代和风险规避。国家 j 中家庭 i 的效用函数可以由如下的公式表示：

$$U_{jit} = \left[(1-\beta)c_{jit}^{1-\theta} + \beta\,(E_t U_{jit+1}^{1-\gamma})^{\frac{1-\theta}{1-\gamma}}\right]^{\frac{1}{1-\theta}} \tag{4-6}$$

其中，$\gamma>0$，表示相对风险规避系数；$\theta>0$，是跨期替代弹性系数。为便于分析，本书把家庭的问题表示为其拥有的财富的函数。家庭每期财富来自企业家的净收益、家庭持有国家 j 的债券收益以及家庭成员的工资收入。同时，家庭每期将其财富用于消费、资本投资以及购买外国债券。家庭的预算约束条件可以表示如下：

$$c_{jit} + k_{jit+1} + b_{jit+1} = \omega_{jit} \tag{4-7}$$

$$\omega_{jit} = \epsilon_{it} F_{jt}^{k} k_{jit} + R_{jt} b_{jit} \tag{4-8}$$

其中，c_{jit}、b_{jit+1} 和 k_{jit+1} 分别表示国家 j 中家庭 i 的消费、持有的债券以及拥有的资本量；R_{jt} 和 F_{jt}^{k} 分别表示国家 j 的债券利率水平以及国家 j 的企业资本回报率。

上述问题的标准预期效用函数是嵌套的，通过设定 $\theta=1/\gamma$ 可以得到标准的预期效用函数。风险规避和跨期替代弹性之间的差别对增长与资本流动之间的关系提供了有用的见解。特别地，采用 Epstein 等(1989)的设定形式允许相对较高的风险规避系数(预防性储蓄相当大)，而不用施加较低的替代弹性(当投资回报率上升时，这样家庭部门愿意推迟消费)。

类似于 Merton(1969)和 Samuelson(1969)分析的投资组合问题，本书家庭部门的决策函数给定如下：

$$c_{jit} = (1-\psi_{jt+1})(\omega_{jit} + h_{jit}) \tag{4-9}$$

$$k_{jit+1} = \psi_{jt+1}\,\varphi_{jt+1}(\omega_{jit} + h_{jit}) \tag{4-10}$$

$$b_{jit+1} = \psi_{jt+1}(1-\varphi_{jt+1})(\omega_{jit} + h_{jit}) - h_{jit} \tag{4-11}$$

$$\psi_{jt+1} = \left[1 + \left(\sum_{i=t+1}^{\infty}\prod_{m=t+1}^{i}\beta^{\theta}\rho_{jm}^{\theta-1}\right)^{-1}\right]^{-1} \tag{4-12}$$

其中，ψ_{jt+1} 表示财富用于储蓄的比例；φ_{jt+1} 表示投资于企业资本的储蓄比例；ρ_{jm} 是经过风险调整后的组合回报。正如 Angeletos(2007)的推导结果，φ_{jt+1} 和 ρ_{jt+1} 可以由如下的公式近似表示：

$$\varphi_{jt+1} \approx \frac{\ln F_{jt+1}^{k} - \ln R_{jt+1}}{\gamma\sigma_j^2} \tag{4-13}$$

$$\rho_{jt+1} \approx R_{jt+1}\exp\left[\frac{(\ln F_{jt+1}^{k} - \ln R_{jt+1})^2}{2\gamma\sigma_j^2}\right] \tag{4-14}$$

其中，F_{jt+1}^{k} 表示国家 j 的风险资本回报均值；σ_j^2 表示国家 j 生产冲击的方差。上述方程将均衡选择定义为有效财富的线性函数，有效财富等于金融财富加上人力财富。家庭决定分配给储蓄和投资的财富比例 ψ_{jt}，是贴现率和储蓄回报的函数。事实上，它来自资本和债券一阶条件的欧拉方程。投资于风险资本的储蓄比例是对家庭投资于生产活动而非无风险资产所获得的风险溢价的衡量，并且金融环境的风险也在降低。生产风险不能通过金融市场保险的部分越高，投资于风险资本的资源量就越低。还需要注意的是，ψ_{jt} 受到风险规避参数的负面影响，家庭规避风险程度越高，风险活动中使用的资源量就越低。

4.2 总体变量的动态变化

因为家庭的决策函数是家庭财富的线性函数，故模型的加总不需要追踪财富在家庭间的分布。通过追踪家庭财富W_{jt}的演进，可以简单刻画模型的一般均衡动态过程。在模型中，大写字母表示总体变量，小写字母表示单个家庭部门的变量。通过对决策函数进行加总，可以很容易推断出总体决策变量的方程。因此，总消费、资本投资和债券的决策函数变为

$$C_{jt} = (1 - \psi_{jt+1})(W_{jt} + H_{jt}) \tag{4-15}$$

$$K_{jt+1} = \psi_{jt+1}\,\varphi_{jt+1}(W_{jt} + H_{jt}) \tag{4-16}$$

$$B_{jt+1} = \psi_{jt+1}(1 - \varphi_{jt+1})(W_{jt} + H_{jt}) - H_{jt} \tag{4-17}$$

通过对家庭的预算约束进行加总，经济体的预算约束分别变为

$$C_{jt} + K_{jt+1} + B_{jt+1} = W_{jt} \tag{4-18}$$

$$W_{jt} = K_{jt}\,F_t^k + R_{jt}\,B_{jt} + \Omega_{jt} \tag{4-19}$$

为了完全刻画总体变量的动态变化，我们需要定义F_{jt+1}^k的动态演化。由于家庭部门无弹性提供劳动供给，因此经济体劳动总供给标准化为1，并且工人的工资等于其劳动的边际产出，这样工资可以表示如下：

$$\Omega_{jt} = (1 - \alpha)K_{jt}^{\alpha} \tag{4-20}$$

将式(4-20)代入企业的资本回报率表达式中，则该表达式可进一步表示为

$$F_{jt}^k = \alpha K_{jt}^{\alpha-1} + (1 - \delta) \tag{4-21}$$

同时，经常账户余额也可以表示为经济体持有的外国净资产的变化，这样经常账户余额可以表示如下：

$$CA_{jt} = B_{jt+1} - B_{jt} \tag{4-22}$$

4.2.1 自给自足条件下的一般均衡与稳态

由于消费、资本投资以及持有债券的决策函数是财富的线性函数，则对上述变量进行加总变为可能，而且财富分布并不影响总体变量的动态变化。另外，由于投资冲击是特异性的，根据大数法则，在总体层面不确定性消失，因此，一般均衡是确定性的。在封闭经济体中，债券市场结清时，其净供给为零。另外，劳动市场结清时，其需求等于供给，即

$$B_{jt} = 0 \tag{4-23}$$

$$L_{jt} = 1 \tag{4-24}$$

在后续的分析中，本书参照 Angeletos(2007)和 Corneli(2017)的设定，假设$\theta=1$。该相对风险规避参数的校准值在文献中被广泛使用，且消费倾向参数简化为$\psi_{jt+1}=\beta$。对不同的家庭单位进行加总，则家庭的总预算约束表示如下：

$$C_{jt} + K_{jt+1} + B_{jt+1} = W_{jt} \tag{4-25}$$

家庭部门的决策函数经过加总后，可进一步变化为

$$C_{jt} = (1-\beta)(W_{jt} + H_{jt}) \tag{4-26}$$

$$K_{jt+1} = \beta\varphi_{jt+1}(W_{jt} + H_{jt}) \tag{4-27}$$

考虑到资本折旧，此时资本回报均值等于资本的净边际产出。因此，资本投资的倾向φ_{jt+1}可以表示如下：

$$\varphi_{jt+1} \approx \frac{\ln(\alpha K_{jt+1}^{\alpha-1} + 1 - \delta) - \ln R_{jt+1}}{\gamma\sigma_j^2} \tag{4-28}$$

上述方程的含义是，资本累积的均衡路径受到金融市场发展的正向影响。企业异质冲击波动越低（即σ_j^2越小），财富中投资于资本的资源比例越高。

在自给自足情形下，经济体的稳态形式可以表示如下：

$$B_j = 0 \tag{4-29}$$

$$CA_j = 0 \tag{4-30}$$

$$C_j + K_j = W_j = K_j^{\alpha} + (1-\delta)K_j \tag{4-31}$$

$$C_j = (1-\beta)[K_j^{\alpha} + (1-\delta)K_j + H_j] \tag{4-32}$$

$$H_j = \frac{(1-\alpha)K_j^{\alpha}}{R_j - 1} \tag{4-33}$$

$$K_j = \beta\varphi_j[K_j^{\alpha} + (1-\delta)K_j + H_j] \tag{4-34}$$

$$\varphi_j \approx \frac{\ln(\alpha K_j^{\alpha-1} + 1 - \delta) - \ln R_j}{\gamma\sigma_j^2} \tag{4-35}$$

其中，式(4 - 29)表示在自给自足稳态下，家庭持有的无风险债券为 0；式(4 - 30)表示在自给自足稳态下，本国的经常账户余额为 0；式(4 - 31)表示在自给自足稳态下，本国的商品市场结清条件；式(4 - 32)表示在自给自足稳态下，经济体总消费的决策函数，它可以表示为金融财富和人力财富总和的线性函数；式(4 - 33)表示自给自足稳态下的人力财富；式(4 - 34)表示在自给自足稳态下，经济体资本总量的决策函数，它也可以表示金融财富和人力财富总和的线性函数；式(4 - 35)表示在自给自足稳态下，总储蓄中投资于风险资本的比例。

图 4 - 1 表示主要经济变量的稳态值为 σ 的函数，σ 的取值范围为 0～1.1。Angeletos(2007)的研究表明，对于模型参数的合理值，资本存量是σ^2的减函数。由图4 - 1可以直观看到，随着 σ 取值的增加，即金融欠发达程度上升，稳态资本存量呈现递减的态势。以资本边际产出和无风险利率之差衡量的风险溢价，随着 σ 取值的增加，风险溢价呈现递增的态势。由于金融市场欠发达程度与稳态资本量存在负向关联，因此，随着金融欠发达程度的上升(σ 增加)，稳态资本量出现下降，进而导致稳态产出、稳态消费、稳态工资以及稳态财富均出现下降，这正如图 4 - 1所示。

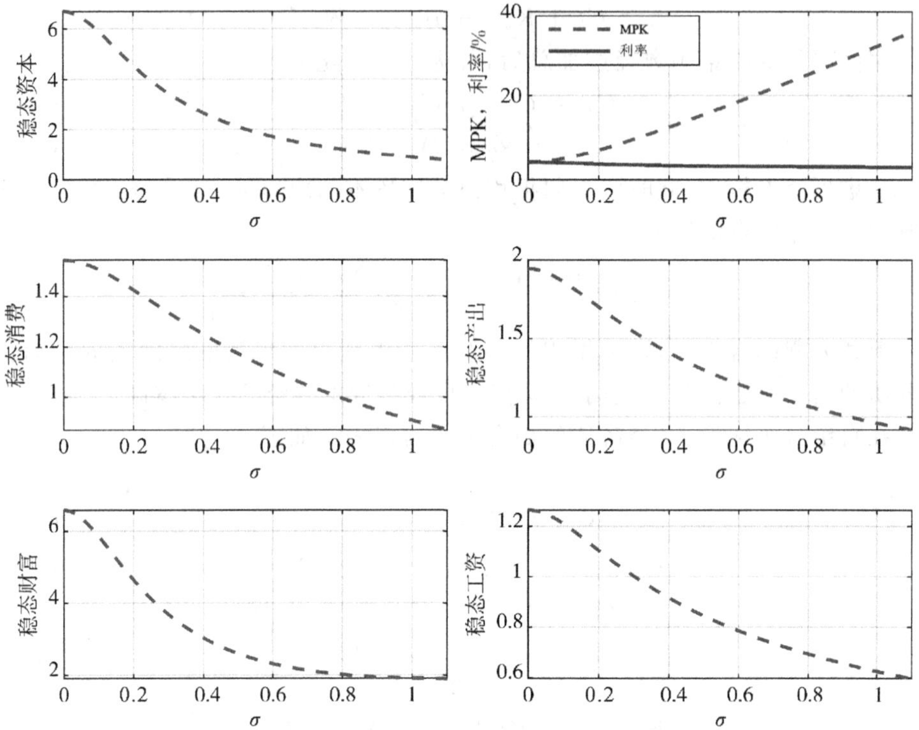

图 4 - 1　自给自足条件下的两国资本供给和需求曲线

通过对方程(4 - 31)至方程(4 - 35)进行合并整理，可以得到如下表达式：

$$K_j^{1-\alpha}[1-\beta(1-\delta)]=\beta-\frac{(1-\alpha)(1-\beta)}{R_j-1} \tag{4-36}$$

$$\frac{1-\beta(1-\delta)}{\beta\varphi_j}K_j^{1-\alpha}=\frac{R_j-\alpha}{R_j-1} \tag{4-37}$$

其中，式(4 - 36)表示国家 j 家庭部门的储蓄决策或资本供给，该方程意味着无风险利率与资本存量之间的正向关系：较高的利率会促使家庭推迟消费，从而有更多的资源转化为储蓄及投资。式(4 - 37)表示国家 j 企业家的资本需求或投资决策。考虑到资本回报率递减，为使风险调整后的资本回报率等于利率，无风险债券的利率愈高意味着资本存量愈低。图 4 - 2 绘制了自给自足条件下的中美两国资本供给和需求曲线，非常直观地反映了式(4 - 36)和式(4 - 37)的关系。由图 4 - 2 可以直观地看到，中美两国的资本供给曲线重叠且向上倾斜，而中美两国的资本需求曲线是向下倾斜的。其中，1_a 表示自给自足稳态时美国的资本存量和利率水平，2_a表示自给自足稳态时中国的资本存量和利率水平。因此，在自给自足稳态下，美国的稳态利率和资本存量都要高于中国的相应值。

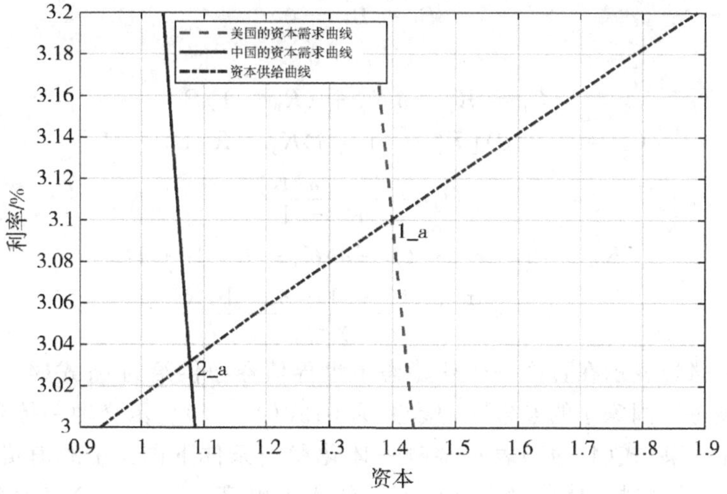

图 4 - 2　自给自足条件下中美两国资本供给和需求曲线

4.2.2　金融一体化条件下的一般均衡与稳态

在本节中,假设两国开放资本账户,即中美两国能够交易无风险债券。金融一体化会促使两国的无风险利率相等。在金融一体化情形下,每个国家债券市场的净供给为零的条件不再需要被满足,取而代之的是两国债券市场的净供给为零的条件成立。由于总体层面不确定性的消除,一般均衡仍然是决定性的,并且可以由消费、资本存量及无风险债券序列 $\{C_{jt}, K_{jt+1}, B_{jt+1}\}_{t=0}^{\infty}$ 以及价格序列 $\{\Omega_{jt}, R_{jt+1}\}_{t=0}^{\infty}$ 来刻画,使得如下的总量关系在每期得到满足:

$$B_{1t} + B_{2t} = 0 \tag{4-38}$$

$$C_{jt} = (1 - \psi_{jt+1})(W_{jt} + H_{jt}) \tag{4-39}$$

$$H_{jt} = \frac{\Omega_{jt+1} + H_{jt+1}}{R_{jt+1}} \tag{4-40}$$

$$K_{jt+1} = \psi_{jt+1}\varphi_{jt+1}(W_{jt} + H_{jt}) \tag{4-41}$$

$$B_{jt+1} = \psi_{jt+1}(1 - \varphi_{jt+1})(W_{jt} + H_{jt}) - H_{jt} \tag{4-42}$$

$$C_{jt} + K_{jt+1} + B_{jt+1} = W_{jt} = K_{jt}^{\alpha} + (1-\delta)K_{jt} + R_{jt}B_{jt} \tag{4-43}$$

其中,式(4 - 38)表示金融一体化情形下的世界债券市场结清条件;式(4 - 39)表示金融一体化情形下国家 j 的消费决策函数;式(4 - 40)表示金融一体化条件下国家 j 的人力财富;式(4 - 41)表示金融一体化条件下国家 j 的资本投资决策函数;式(4 - 42)表示金融一体化条件下国家 j 的债券决策函数;式(4 - 43)表示金融一体化条件下国家 j 的预算约束式。

在金融一体化情形下,经济体的稳态可以表示如下:

$$B_1 + B_2 = 0 \tag{4-44}$$

$$CA_j = 0 \tag{4-45}$$

$$C_j = K_j^{\alpha} - \delta K_j + (R_{ss} - 1) B_j \tag{4-46}$$

$$C_j = (1-\beta)\left[K_j^{\alpha} + (1-\delta)K_j + R_{ss} B_j + H_j\right] \tag{4-47}$$

$$H_j = \frac{(1-\alpha)K_j^{\alpha}}{R_{ss} - 1} \tag{4-48}$$

$$K_j = \beta \varphi_j \left[K_j^{\alpha} + (1-\delta)K_j + R_{ss} B_j + H_j\right] \tag{4-49}$$

$$\varphi_j \approx \frac{\ln(\alpha K_j^{\alpha-1} + 1 - \delta) - \ln R_{ss}}{\gamma \sigma_j^2} \tag{4-50}$$

其中，式(4-44)表示在金融一体化稳态下世界债券净供给为0；式(4-45)表示金融一体化稳态下国家 j 的经常账户余额为0；式(4-46)表示金融一体化稳态下国家 j 的预算约束；式(4-47)表示金融一体化稳态条件下国家 j 的消费决策函数；式(4-48)表示金融一体化稳态下国家 j 的人力财富；式(4-49)表示金融一体化稳态下国家 j 的投资决策函数；式(4-50)表示金融一体化稳态下国家 j 的总储蓄中投资于风险资本的比例。

图4-3描绘了金融一体化条件下的中美两国资本供给和需求曲线。由图4-3可以明显观察到，在金融一体化情形下，中美两国的资本供给曲线是向上倾斜的。同时，在金融一体化条件下，中国开放资本账户，中美两国的金融一体化利率相等。结合图4-3分析，在金融一体化稳态下，此时两国的金融一体化利率水平介于自给自足稳态下的利率之间。其中，1_i 表示金融一体化稳态时美国的资本存量和利率水平，2_i 表示金融一体化稳态时中国的资本存量和利率水平。值得

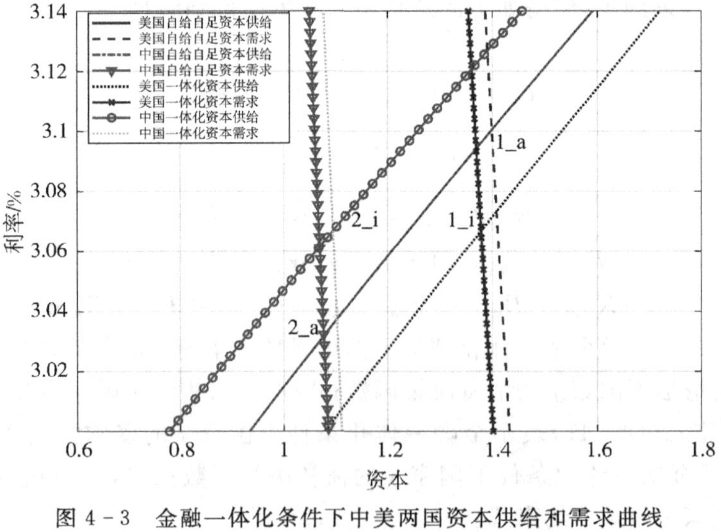

图4-3　金融一体化条件下中美两国资本供给和需求曲线

注意的是，相较于自给自足稳态，金融市场更发达的美国在金融一体化稳态时的资本存量较低，而中国在金融一体化稳态时的资本存量高于其自给自足稳态水平的相应值。

4.3 转型动态

在本节中，首先对模型进行校准，然后模拟中美两国从自给自足向金融一体化转型过程中的动态变化。特别地，此模拟是为凸显仍处于资本累积进程中的发展中国家，在其向金融发展程度更高的国家开放资本账户时，其金融一体化的含义。

4.3.1 参数校准

为了评估模型的定量影响，本书需要对如下参数进行校准：资本收入份额 α、资本折旧率 δ、特异投资风险 σ、效用函数的风险规避系数 γ 与跨期替代弹性系数 θ，以及跨期折现因子 β。模型中每期代表 1 年。

本书的参数校准主要参考 Sandri(2014)和 Corneli(2017)的设定，两国的资本收入份额 α 为 0.35，资本折旧率 δ 为 0.06，跨期折现因子 β 等于 0.96。对于家庭效用函数的参数设定，与 Corneli(2017)设定的一致，跨期替代弹性 θ 系数为 1；风险规避系数 γ 的设定与 Sandri(2014)一样，本书将其设定为 6。对于特异风险系数 σ，Angeletos 等(2011)利用类似的模型分析了金融全球化对资本流动的影响。基于美国数据的经验估计，他们将特异投资风险的标准差设为 0.5。Moskowitz 等(2002)建议特异风险系数 σ 等于 0.5，这也等于美国上市公司的特异波动率。Corneli(2017)使用 Damodaran 详细阐述的风险调整后的利率数据，对发达国家和新兴经济体的生产率冲击波动进行了估计。本书完全参照 Corneli(2017)的做法，将中美两国的特异投资风险系数分别设定为 0.88 和 0.71。

表 4-1　模型参数

参数描述	参数符号	参数值
资本收入份额	α	0.35
资本折旧率	δ	0.06
跨期折现因子	β	0.96
特异投资风险 1	σ_1	0.88
特异投资风险 2	σ_2	0.71
风险规避系数	γ	6
跨期替代弹性系数	θ	1

4.3.2　模拟分析

为了展示经济体从自给自足稳态、非自给自足稳态向金融一体化稳态的动态转变过程，本书采用 Mendoza 等(2009)提出的算法：通过反向求解模型，更新变量的猜测值，直到每期决策函数和资源约束都被满足。

假设中国在自给自足状态的初始资本水平为K_0，本节将聚焦于中国从初始资本水平K_0向自给自足稳态过渡的转型路径。然后，假设中国在初始资本水平为K_0时，其决定向美国开放资本账户。此时美国金融发展程度更高，并且已处于自给自足稳态。本节比较了中国向两种不同稳态(自给自足稳态和金融一体化稳态)的收敛速度，并展示了两个经济体主要变量的转型动态过程。

1. 自给自足的情形

图 4-4 展示了我国主要经济变量向自给自足稳态过渡的转型路径，其中利率以百分数表示，消费、资本和产出分别表示为其稳态的相对值。在模拟的过程中，将我国经济体的初始资本水平设定为自给自足稳态资本存量的 85%。由图 4-4 可以直观地看出，整个转型路径相当平滑，需要近 20 年才能完成。在我国经济体向自给自足稳态收敛的过程中，随着时间的不断推进，我国的资本、消费以及产出

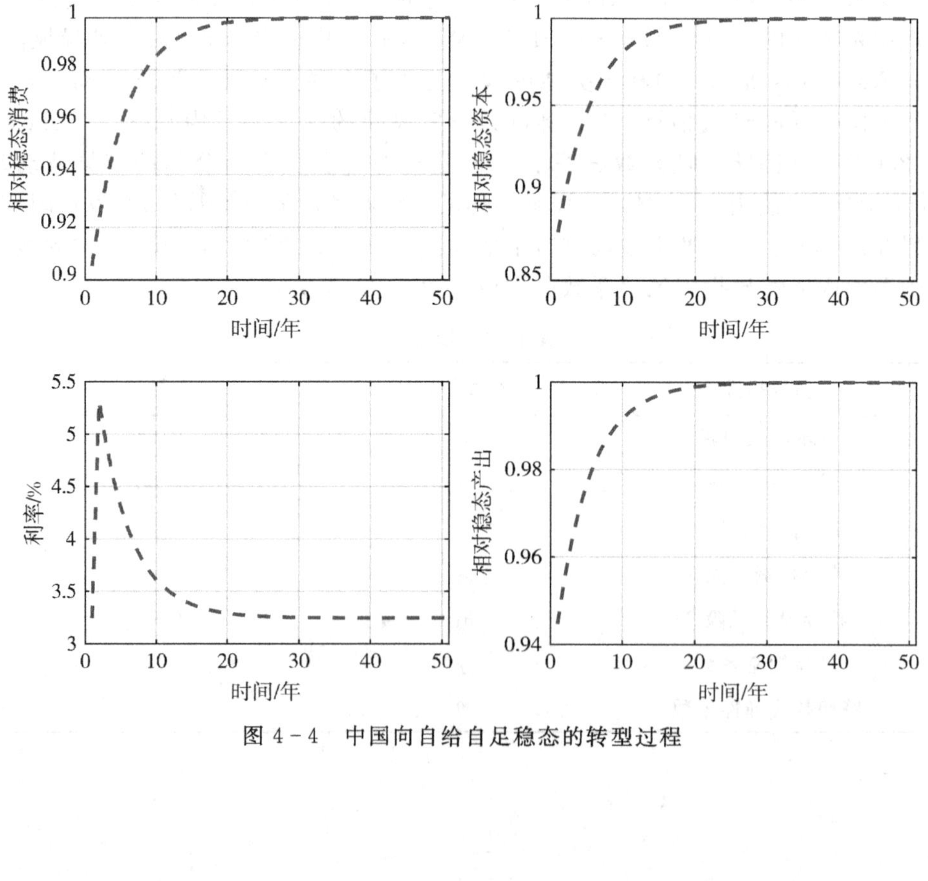

图 4-4　中国向自给自足稳态的转型过程

水平逐渐趋近于其自给自足的稳态水平。同时，随着资本存量的上升，我国的利率呈现出先升后降态势，最后逐渐趋于自给自足稳态。

2. 金融一体化的情形

图4-5表示在自给自足和金融一体化情形下，我国的资本累积动态过程。在模拟过程中，第1期我国处于自给自足状态，第2期我国与美国金融市场一体化。由于金融一体化时刻的初始资本水平决定了短期和中期的转型路径，因此在模拟的过程中，将我国初始资本水平设定为自给自足稳态资本存量的85%。由图4-5可以直观地看出，在前9期左右，我国在金融一体化情形下的资本水平要高于自给自足情形。这主要是因为，金融一体化下的无风险利率低于自给自足情形下的无风险利率水平，此时经过风险调整后的资本回报率高于无风险利率水平，这样使得企业愿意对风险生产进行投资，进而导致金融一体化下的资本水平高于自给自足情形。但是，经过9期之后，金融一体化情形下的资本水平低于自给自足情形。因为在金融一体化情形下，我国家庭部门通过持有世界无风险债券能够多样化投资组合。长期而言，金融一体化稳态时的资本水平要高于自给自足稳态情形。因此，相较于自给自足情形，金融一体化在短期和长期内能提高资本存量，而金融一体化在中期内却导致资本下降。

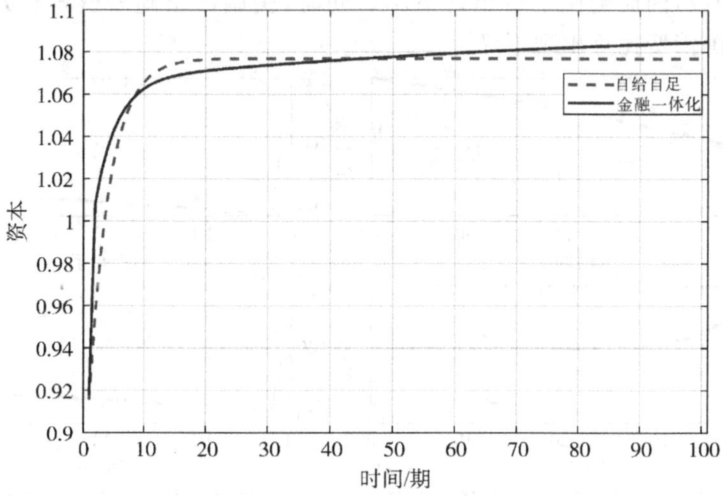

图4-5 中国在自给自足和金融一体化情形下的资本累积过程

接下来，继续模拟我国开放资本账户融入全球金融市场，并与世界金融市场一体化，即让美国和中国的金融市场一体化（交易无风险债券）。本节将进行两个模拟分析：一是金融一体化前我国未处于自给自足稳态；二是金融一体化前我国处于自给自足稳态。假设上述模拟分析不可预期和不可逆，本书分别研究了在不同的初始资本水平下，我国经济体由自给自足向金融一体化稳态的转型过程中，中美两国主要经济变量的动态变化。

图 4－6 表示在金融一体化前美国和中国均处于自给自足稳态，然后中国向美国开放资本账户，中美两国主要宏观经济变量在金融一体化过程中的转型动态变化。其中，资本和产出分别表示为各自初始值的百分比，消费、经常账户和外国净资产分别表示为产出的百分比。在金融一体化之前，美国和中国的无风险利率差异决定了其他宏观经济变量的短期反应。由图 4－6 可以清楚地观察到，在两国均处于自给自足稳态时，美国的无风险利率高于金融一体化的利率水平，也高于中国的无风险利率。中国开放资本账户后，美国和中国的无风险利率立刻跃升至共同的金融一体化利率。此时，美国家庭部门面临的无风险利率下降，其愿意为风险生产活动投入更多的资源。一方面，因为此时经过风险调整后的资本回报率高于金融一体化利率；另一方面，由于美国家庭部门面临的无风险利率下降，家庭部门的借贷成本也随之下降，美国家庭部门会发行国际债券为风险资本投资融资。上述两方面原因都会促使美国家庭部门增加资本累积。正如图 4－6 所示，这会促进美国的资本积累，其产出水平也会相应上升。此外，随着美国家庭部门发行债券为风险资本融资，美国持有的外国债务增加，导致美国在金融一体化初期出现经常账户赤字。由于美国持有的外国债务增加，造成美国财富出现下降，且美国总消费是财富的线性函数，因而美国消费出现下降。同时，美国产出随着资本存量增加而上升，导致美国消费比重出现下降。

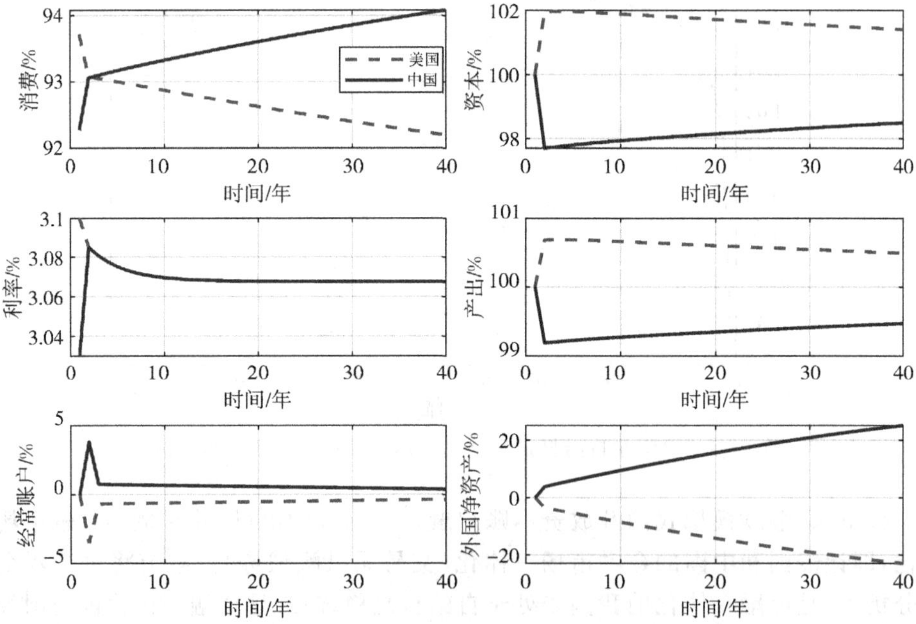

图 4－6 自给自足稳态向金融一体化稳态的转型动态过程

在金融一体化持续过程中，由于美国债务水平持续增加，造成美国财富水平不断下降。由于美国消费是财富水平的线性函数，因而美国消费水平也持续下滑。此外，由于美国家庭部门面临的无风险利率下降，使得美国愿意将更高比例的储蓄用于资本投资，这样会导致资本总量上升。另外，美国财富水平下降也会导致资本总量下降。财富效应占据主导地位，因而美国资本存量不断降低，进而总产出水平也不断收缩。由于美国消费水平的降幅快于产出，因而美国消费比重持续下滑。在金融一体化转型过程中，美国债务水平持续上升，但是增幅不断下降，因此美国经常账户仍然出现赤字，但赤字比重不断下降。总体而言，随着中国开放资本账户，在短期内，美国呈现资本净流入状态，其资本存量和产出水平随之攀升，美国出现经常账户赤字。在中长期内，随着债务水平的不断累积，美国家庭部门总财富出现下滑，资本存量和产出水平也逐渐下降，因而资本和产出相对各自初始值不断下行。另外，美国债务水平持续上升，但是增幅不断下降，因此美国经常账户仍然出现赤字，但赤字比重不断下降。

对于中国而言，由图 4－6 可以直观地看出，当中国开放资本账户后，其家庭部门面临的无风险利率上升，中国家庭部门愿意将较少的储蓄资源投入生产性活动中。一方面，因为此时经过风险调整后的资本回报率低于金融一体化利率；另一方面，由于中国家庭部门面临的金融一体化利率上升，使得家庭部门愿意持有美国债券获取利息收益。这两方面的原因均会促使中国家庭部门减少资本积累。正如图 4－6 所示，随着中国开放资本账户，相较于初始资本水平，中国的资本存量立刻出现下降，产出也相应萎缩。由于持有美国债券的利率较高，使得中国家庭的财富增加。同时，由于家庭消费是家庭财富的线性函数，因而中国家庭消费水平出现上升。且金融一体化初期中国产出出现收缩，这样造成中国消费占比提升。此外，由于中国家庭部门面临的金融一体化利率上升，导致中国资本流出及持有美国债券增加，进而造成中国经常账户盈余。随着金融一体化的持续，伴随我国家庭部门财富的不断增加，其风险厌恶程度也随之下降。由于总消费、总资本和持有的总债券均为财富的线性函数，因此，我国家庭部门的消费、资本和产出也逐渐上升。与此同时，中国持有的美国债券持续攀升，但增幅逐渐下降，因此中国经常账户仍然保持盈余，但盈余比重逐渐下降。总体而言，随着中国资本账户开放，在短期内，中国资本处于净流出状态，其资本和产出水平也随之下滑，经常账户出现盈余。在中长期内，随着中国家庭部门的总财富逐渐上升，中国的消费、资本和产出也不断抬升。此外，中国持有的美国债券不断增加，但是增幅逐渐下降，中国经常账户仍然保持盈余，但盈余比重逐渐下滑。

图 4－7 表示在金融一体化前，美国处于自给自足稳态，中国尚未处于自给自足稳态（此时资本存量为其自给自足稳态的 85%），然后中国向美国开放资本账户，两国主要宏观经济变量在金融一体化过程中的转型动态变化。其中，资本和产

出分别表示为各自初始值的百分比，消费、经常账户和外国净资产分别表示为产出的百分比。对于美国而言，由图 4－7 可以直观地看出，随着中国开放资本账户，美国的无风险利率低于金融一体化利率，而中国的无风险利率显著高于金融一体化利率。此时，美国家庭部门将较少的储蓄资源投入生产性活动中，将更多的储蓄购买中国发行的无风险债券。正如图 4－7 所示，这样会抑制美国的资本累积，并导致产出水平下降。由于美国产出水平下降，因此美国消费比重上升。由于美国持有的中国债券上升，因此美国经常账户出现盈余。随着金融一体化转型的持续，金融一体化利率持续下降，美国持有的中国债券逐渐减少，且最终持有的中国资产头寸由正转负。由于美国持有的中国资产头寸由正转负，故美国家庭财富呈现先上升后下降态势。由于消费以及资本存量是财富的线性函数，因而美国消费和资本存量也随财富呈现先上升后下降的趋势。随着美国持有的中国资产头寸由正转负，美国经常账户由盈余变为赤字。总体而言，随着中国开放资本账户，在短期内，美国会出现资本净流出状况，持有的中国债券会上升，经常账户出现盈余。此时，美国的资本存量出现下降，产出也随之萎缩。在中长期内，随着美国拥有的财富先升后降，美国的总资本、总产出和总消费也先升高后下降。美国资本处于净流入状态，持有的中国债务逐渐增加，但是增幅不断下降，因而美国经常账户出现赤字，但是经常账户赤字占比逐渐下降。

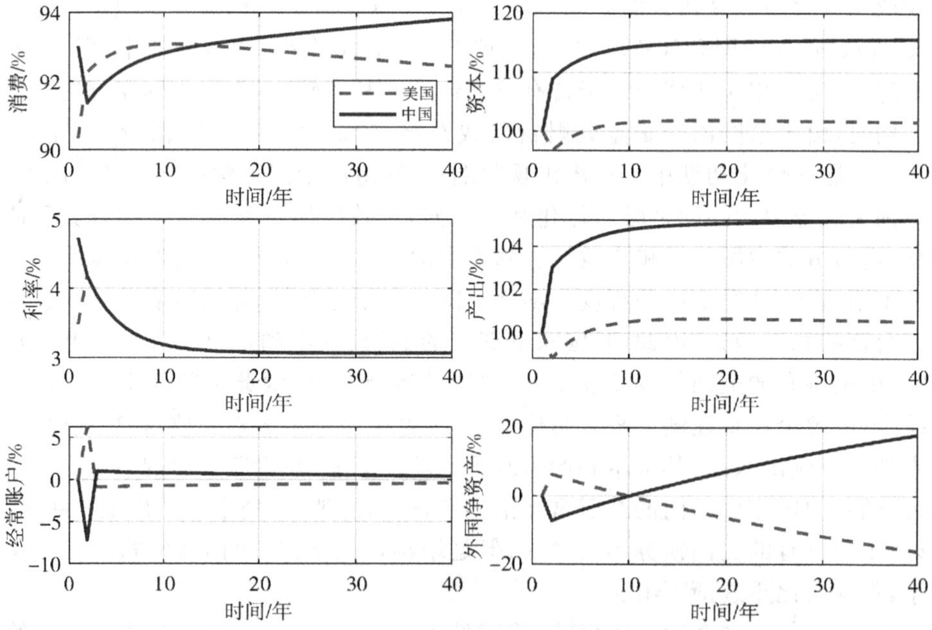

图 4－7　非自给自足稳态向金融一体化稳态的转型动态过程

对于中国而言，在金融一体化之前，当中国未处于自给自足稳态时(此时资本存量为其自给自足稳态的 85%)，此时中国家庭部门面临的无风险利率为 4.73%。随着中国开放资本账户，由图 4-7 可以明显地观察到，中国家庭部门面临的金融一体化利率显著下降，中国家庭部门愿意将更多的储蓄资源投入生产性活动。一方面，因为此时经过风险调整后的资本边际产出要高于金融一体化利率；另一方面，随着金融一体化利率的下降，家庭部门的借贷成本也随之下降，中国发行国际债券为生产资本进行融资。正如图 4-7 所示，这样会促进我国的资本累积，进而产出水平也得到提高。随着金融一体化利率下降，中国发行的无风险债券吸引力下降，因此中国发行的债券出现下滑。同时，随着金融一体化利率逐渐下降至稳态水平，美国由于金融发展程度高，并且此时美国家庭部门面临的金融一体化利率较低，经过风险调整后的资本边际回报率高于金融一体化利率，中国愿意持有美国发行的无风险债券。与此同时，随着中国家庭部门财富的不断累积，中国家庭的总消费、总资本和总产出不断上升并趋近稳态水平。总体而言，随着中国开放资本账户，在短期内，中国会出现资本净流入状况，持有的美国债务会上升，经常账户出现赤字。此时，中国的资本存量出现上升，产出也随之增加。在中长期内，中国资本处于净流出状态，表现为持有的美国净资产上升。随着我国拥有的财富不断增加，我国的总资本、总产出和总消费也不断攀升，经常账户也始终处于盈余。

在自给自足稳态、非自给自足稳态向金融一体化稳态的模拟研究中，随着我国开放资本账户，无论我国转型初期处于何种状态，长期而言，我国资本将出现净流出，从金融发展程度较低的国家流向金融发展程度较高的国家或地区。该结果与 Prasad 等(2007)的观察结果基本一致，其研究结果显示，直到 20 世纪 90 年代末，资本进口国都是较贫穷的国家和经济体。而在过去十年中，较富裕的国家和经济体往往会吸引净资本流入。可见，本书也从金融发展差异角度解释了“卢卡斯悖论”。

4.4　福利分析

本节考察金融一体化带来的福利效应。上述中美两国生产单一的同质商品，因此，贸易收益来自相对价格调整和资本重新分配(资本在生产活动和无风险资产之间分配)的可能。然而，由于异质家庭部门假设，正如 Mendoza 等(2007，2009)和 Corneli(2009)所述，金融一体化对福利的影响在每个国家的差异也非常大，这取决于资本账户自由化每个家庭部门的财富。特别地，在新兴经济体实行自由化后，穷人的境况更好，因为他们对累积债务支付的利息较低；而富人的境况更糟，因为他们获得的无风险资产回报率较低。发达经济体的情况正好相反。正如 Mendoza 等

(2009)所描述的，无风险利率的变化支配资本再分配带来的积极福利后果(即新兴经济体资本积累加快，发达经济体资本减少)。因此，金融一体化具有重要的再分配效应。为了比较这两个经济体的福利后果，本书再次聚焦总消费水平或“平均家庭部门”的消费路径。在金融自由化之际，“平均家庭部门”的资产为零，其生产率冲击实现值是整个过渡期的预期价值。

为了度量金融一体化的福利效应，本书参照 Corneli(2017)的处理方法，计算希克斯等价变化 EV。希克斯等价变化 EV 的定义是，为保持自给自足状态而非转向金融一体化，家庭部门必须接受的消费量。这表示在资本账户自由化时，家庭部门为了在自给自足和金融一体化之间无差异而保持的消费量。本节分别用C^{aut}、C_0^{int}和C^{int}表示自给自足稳态、金融一体化初期和金融一体化稳态的消费。首先，本书计算家庭部门在自给自足稳态和金融一体化初期的福利效应，即$C^{aut}+EV=C_0^{int}$。然后，本书计算家庭部门在自给自足稳态和金融一体化稳态的福利效应，即$C^{aut}+EV=C^{int}$。因此，如果 EV 为正值，则意味着我国家庭部门更愿意转向金融一体化(金融一体化提高了福利)；如果 EV 为负值，则意味着自给自足福利更高(金融一体化降低了福利)。

图 4-8 表示在自给自足和金融一体化情形下两国的消费路径，其中，国家 1 表示美国，国家 2 表示中国，美国和中国初期均处于自给自足稳态。由图 4-8 可以直观地看出，对于美国而言，随着中国资本账户自由化，美国家庭部门的消费相较于自给自足稳态出现下降，这意味着金融一体化在短期内将对美国的福利产生负面影响。长期来看，美国家庭部门在金融一体化稳态的消费仍然要低于自给自足稳态消费水平，这表明金融一体化在长期也将对美国福利产生负面影响。另外，

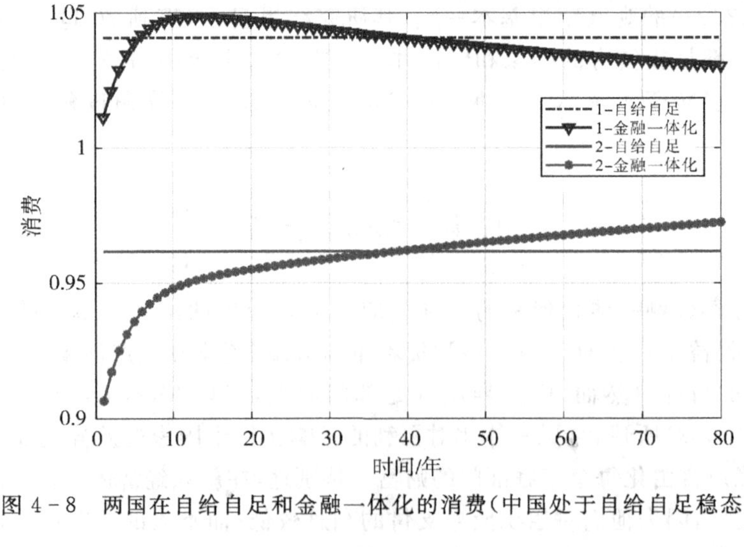

图 4-8 两国在自给自足和金融一体化的消费(中国处于自给自足稳态)

对于中国而言，随着资本账户开放，我国家庭部门的消费相较于自给自足稳态出现下降，这意味着金融一体化在短期内将对中国的福利效应产生负面影响。但是，长期而言，我国家庭部门在金融一体化稳态的消费仍然要高于自给自足稳态，这表明金融一体化在长期内也将对我国福利产生正面效应。

与此同时，本节也分析了中国尚未处于自给自足稳态时，金融一体化对中美两国的福利效应。图 4-9 表示在自给自足和金融一体化情形下中美两国的消费路径，其中，美国在金融一体化前处于自给自足稳态，而中国尚未处于自给自足稳态，中国的初始资本量是其自给自足稳态值的 85%。由图 4-9 可以明显地看出，对于美国而言，随着中国资本账户自由化，美国家庭部门的消费相较于自给自足稳态出现下降，这意味着金融一体化在短期内将对美国的福利产生负面影响。长期来看，美国家庭部门在金融一体化稳态的消费仍然低于自给自足稳态消费水平，这表明金融一体化在长期内也将对美国福利产生负面影响。另外，对于中国而言，随着资本账户开放，我国家庭部门的消费相较于自给自足稳态出现上升，这意味着金融一体化在短期内将对中国的福利效应产生正面影响。长期而言，我国家庭部门在金融一体化稳态的消费仍然要高于自给自足稳态，这表明金融一体化在长期内也将对我国福利产生正面效应。

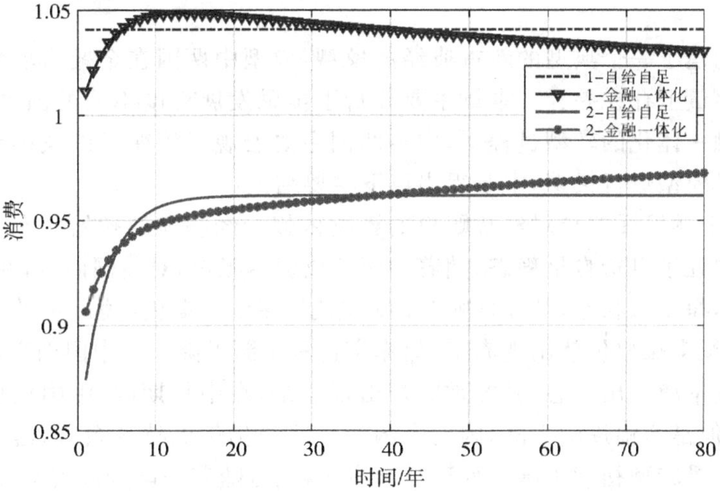

图 4-9　两国在自给自足和金融一体化的消费（中国未处于自给自足稳态）

本书模型的福利效应对金融一体化时中国的初始资本水平较为敏感。正如表 4-2 所示，本书分析了中国处于自给自足稳态和未处于自给自足稳态两种情形。研究结果显示，如果转型初期中国处于自给自足稳态，随着中国开放资本账户，相较于自给自足稳态，金融一体化初期美国的福利水平将下降 2.84%，金融一体化稳态美国的福利水平将下降 2.95%；对中国而言，相较于自给自足稳态，金融一体化初期中国的福利水平将下降5.74%，而金融一体化稳态中国的福利水平将上升3.22%。如果转型初期中国处于非自给自足稳态，随着中国开放资本账户，相较于自给自足稳态，金融一体化初期美国的福利水平仍然将下降2.84%，金融一体化稳态美国的福利水平将下降3.67%；对中国而言，相较于自给自足稳态，金融一体化初期中国的福利水平将上升3.72%，而金融一体化稳态中国的福利水平将上升13.58%。因此，中美两国的福利效应与中国经济体的初始状态密切相关。

表4-2 金融一体化的福利收益

中国经济体的初始状态	美国		中国	
	金融一体化初期	金融一体化稳态	金融一体化初期	金融一体化稳态
中国自给自足稳态	−2.84%	−2.95%	−5.74%	3.22%
中国非自给自足稳态	−2.84%	−3.67%	3.72%	13.58%

4.5 本章小结

本章构建了一个典型的新古典经济模型，模型中两国在金融市场发展水平和初始资本存量上存在差异。本章主要分析了金融发展程度不同的国家，在由自给自足向金融一体化的转型过程中，中美两国主要宏观经济变量以及福利效应的变化。通过对模型进行模拟，本章得出以下主要结论：

第一，金融发展差异对经常账户的影响依赖于经济体的初始状态。①如果转型初期中国处于自给自足稳态，随着中国开放资本账户，对美国而言，在短期内，美国呈现资本净流入状态，其经常账户出现赤字；在中长期内，美国仍处于资本净流入状态，其经常账户仍然出现赤字，但赤字比重不断下降。对中国而言，在短期内，中国处于资本净流出状态，其经常账户出现盈余；在中长期内，中国仍处于资本净流出状态，但是增幅逐渐下降，因而中国经常账户仍然保持盈余，但盈余比重逐渐下滑。②如果转型初期中国未处于自给自足稳态，随着中国开放资本账户，对美国而言，在短期内，美国会出现资本净流出状况，其经常账户出现盈余；在中长期内，美国处于资本净流入状态，其经常账户出现赤字。对中国而言，在短期内，中国会出现资本净流入状况，其经常账户出现赤字；在中长期内，中国处于资本净流出状态，表现为持有的美国净资产上升，经常账户保持盈余。

第二，如果中国在金融一体化之前处于自给自足稳态，在金融一体化福利分析中，对于美国而言，随着中国资本账户自由化，美国家庭部门的消费相较于自给自足稳态出现下降，这意味着金融一体化在初期将对美国的福利产生负面影响，其福利水平会下降 2.84%；长期来看，美国在金融一体化稳态的消费仍然低于自给自足稳态消费水平，其福利水平下降了 2.95%。对于中国而言，随着资本账户开放，我国的消费相较于自给自足稳态出现下降，这意味着金融一体化在初期将对中国的福利效应产生负面影响，其福利水平将下降 5.74%；但是，长期而言，我国在金融一体化稳态的消费要高于自给自足稳态，这表明金融一体化在长期内将对我国福利产生正面效应，其福利水平将上升 3.22%。

第三，如果转型初期中国处于非自给自足稳态，在金融一体化福利分析中，对于美国而言，随着中国资本账户自由化，美国的消费相较于自给自足稳态出现下降，这意味着金融一体化在初期将对美国的福利产生负面影响，其福利水平会下降 2.84%；长期来看，美国在金融一体化稳态的消费要低于自给自足稳态消费水平，这表明金融一体化在长期内也将对美国福利产生负面影响，其福利水平会下降 3.67%。对于中国而言，随着资本账户开放，我国的消费相较于自给自足稳态出现上升，这意味着金融一体化在初期将对中国的福利效应产生正面影响，其福利水平会上升 3.72%；长期而言，我国在金融一体化稳态的消费仍然要高于自给自足稳态，这表明金融一体化在长期内也将对我国福利产生正面效应，其福利水平会上升 13.58%。

第5章

国际货币非对称与经常账户失衡：小国模型

在现行国际货币体系下，美国作为国际货币体系的中心国家，美元在国际贸易、国际结算和国际储备中居于主导地位。凭借美元特有的国际储备货币地位，美国可以依靠经常账户赤字的途径向外围国家供给美元储备，同时发行安全性高的金融资产实现外围国家的美元资金回流。作为国际货币体系的外围小国，在其货币为非国际储备的情况下，要想实现经济快速发展并避免金融危机的发生，唯一的方式是积累美元外汇储备。在外围小国货币为非储备货币的条件下，通过积累外汇储备发展经济的一个直接结果就是出现经常账户长期盈余。因此，本书先以小型开放经济模型为基础，在不考虑小国对世界经济影响的情形下，研究国际货币非对称对经常账户失衡的影响。在后续的研究中，本书会将小型开放经济模型拓展为两国模型，考虑两个大国在相互影响的情形下，国际货币非对称对经常账户失衡的影响。

5.1　理论模型

本章模型是一个小型开放经济模型，模型中由于本国是小国，其行为不会对外国产生任何影响，因此，假设模型中外国的行为是外生给定的。我国由家庭部门、生产部门以及政府部门组成。家庭部门能够无限存活，其向生产部门提供劳动服务和出租资本，并获得工资收入和租金收入。假设家庭部门是生产部门的所有者，则生产部门的利润归家庭拥有。家庭部门得到收入后，会进行消费、投资、持有本国货币和外国货币。

生产部门由一种厂商构成，其在垄断的市场环境下，通过雇佣劳动和租赁资本来生产具有差异化的贸易中间品。贸易品生产商通过购买不同的贸易中间品，将其组装成贸易品，然后与外国贸易品组装成最终品，最终品可以用于消费、投资和政府购买，但不能进行跨国贸易。另外，我国政府部门对家庭单位征收一次总付的税收，同时发行本国货币，然后政府将全部收入用于政府购买。

本章模型在 Obstfeld 等(1995)、Bergin(2003)以及王道平(2012)研究的基础上，构建了一个货币地位不对称的小型开放经济模型。由于我国货币不是国际储备货币，因此，在国际贸易结算中，我国必须使用国际储备货币进行结算，这样会对储备货币产生需求。因此，本章模型主要分析了我国储备货币需求增加对我国家庭消费、产出、国际收支和经常账户余额等宏观经济变量的影响。注意，本章模型中外国变量均用上标星号标识。

5.1.1　家庭部门

由于我国货币并非国际储备货币，因此，对于我国代表性家庭而言，其不但对本国货币存在需求，也对国际货币存在需求。假设我国家庭部门是同质的，他们拥有相同的偏好及禀赋，这样可以分析我国代表性家庭部门的最优化问题。我国家庭部门最大化其预期终生效用的折现和，其效用函数由如下的公式表示：

$$E_0\sum_{t=0}^{\infty}\beta^t U_t\left(C_t,\frac{M_t}{P_t},\frac{e_t M_t^*}{P_t},H_t\right)$$

其中，$U_t=\frac{(C_t)^{1-\sigma}}{1-\sigma}+\frac{\chi}{1-\varepsilon}\left(\frac{M_t}{P_t}\right)^{1-\varepsilon}+\frac{\chi_1 e^{v_t^m}}{1-\varepsilon}\left(\frac{e_t M_t^*}{P_t}\right)^{1-\varepsilon}+\rho\ln(1-H_t)$；$C_t$为我国代表性家庭的实际消费；$P_t$为我国消费者价格指数；$\frac{M_t}{P_t}$为我国代表性家庭对我国实际货币余额的需求；$\frac{e_t M_t^*}{P_t}$表示我国代表性家庭对外国实际货币余额的需求；$H_t$为我国居民的劳动供给；参数$\beta(0<\beta<1)$表示衡量效用的主观折现因子；$1/\sigma$和$1/\varepsilon$分别为消费和实际货币余额需求的跨期替代弹性系数；参数χ、χ_1和ρ分别表示本国实际货币余额、外国实际货币余额以及闲暇相对于消费的重要程度；v_t^m表示我国家庭部门对外国货币的需求冲击，家庭部门对外国货币的需求冲击服从一阶过程，即$v_t^m=\rho_m v_{t-1}^m+\tau_t$。我国代表性家庭面临的跨期预算约束为

$$\begin{aligned}&P_t C_t+e_t M_t^*+M_t+P_t I_t\\&=W_t H_t+e_t M_{t-1}^*+M_{t-1}+R_t^k K_t-P_t T_t+\Pi_t\end{aligned}$$

其中，P_tC_t是我国代表性家庭的名义消费；M_t和$e_tM_t^*$分别为我国家庭持有的本国货币与国际货币；P_tI_t表示我国家庭部门的名义投资；W_tH_t为名义劳动工资收入；$R_t^kK_t$为资本租金收入；P_tT_t为我国政府对本国居民的一次总付税收；Π_t为我国家庭从本国厂商获得的名义利润。

我国代表性家庭部门累积资本并将其出租给中间品厂商，我国代表性家庭的资本累积方程可以表示如下：

$$K_{t+1}=(1-\delta)K_t+I_t-\frac{\varphi}{2}\frac{(K_{t+1}-K_t)^2}{K_t}\tag{5-1}$$

其中，K_t表示t期初的资本存量；I_t表示投资；δ表示资本的折旧率；φ表示资本的调整系数。

我国代表性家庭在跨期预算约束和资本累积方程的限制下，通过选择消费C_t、本国货币余额M_t、国际货币余额M_t^*、劳动供给H_t、资本存量K_{t+1}和投资I_t来最大化其终生效用的折现和，这样可以得到如下最优化的一阶条件：

$$\chi\left(\frac{M_t}{P_t}\right)^{-\varepsilon}=(C_t)^{-\sigma}-\beta E_t\left(\frac{(C_{t+1})^{-\sigma}}{\pi_{t+1}}\right)\tag{5-2}$$

$$\chi_1 e^{v_t^m}\left(\frac{e_t M_t^*}{P_t}\right)^{-\varepsilon}=(C_t)^{-\sigma}-\beta E_t\left(\frac{(C_{t+1})^{-\sigma}}{\pi_{t+1}}\right)\tag{5-3}$$

$$\frac{\rho}{1-H_t}=(C_t)^{-\sigma}\frac{W_t}{P_t}\tag{5-4}$$

$$\left(1+\varphi\frac{K_{t+1}-K_t}{K_t}\right)(C_t)^{\sigma}=\beta E_t\left[(C_{t+1})^{\sigma}\left(1+R_{t+1}^k-\delta+\frac{\varphi}{2}\frac{K_{t+2}^2-K_{t+1}^2}{K_{t+1}^2}\right)\right] \tag{5-5}$$

其中，式(5 - 2)表示我国家庭部门对本国货币的需求方程，它表示实际货币与消费的边际替代率等于持有实际货币的相对价格；式(5 - 3)是我国代表性家庭对外国货币的需求方程；式(5 - 4)是家庭部门的劳动供给方程，它表示最优劳动供给决策是使劳动与消费的边际替代率等于实际工资；式(5 - 5)是投资欧拉方程，它表示实际资本价值等于投资边际成本。

5.1.2　消费需求

我国代表性家庭除了进行上述资源最优配置外，还面临着如何在本国产品和外国产品之间最优分配总消费支出。我国代表性家庭在总消费支出给定的情况下，通过选择本国产品和外国产品来最小化总支出。假设最终消费品C_t由如下的常数替代弹性(constant elasticity of substitution，CES)函数表示：

$$C_t=\left[\alpha^{\frac{1}{\gamma}}\ (C_{H,t})^{\frac{\gamma-1}{\gamma}}+(1-\alpha)^{\frac{1}{\gamma}}\ (C_{F,t})^{\frac{\gamma-1}{\gamma}}\right]^{\frac{\gamma}{\gamma-1}} \tag{5-6}$$

其中，$C_{H,t}$和$C_{F,t}$分别为本国代表性家庭对本国贸易品和外国贸易品的需求；参数α表示本国贸易品在消费中所占的比重；γ表示本国贸易品与外国贸易品的替代弹性；本国贸易品$C_{H,t}$和外国贸易品$C_{F,t}$分别由 Dixit-Stiglitz 函数$C_{H,t}=\left(\int_0^1 c_t\ (h)^{\frac{\theta-1}{\theta}}\mathrm{d}h\right)^{\frac{\theta}{\theta-1}}$和$C_{F,t}=\left(\int_0^1 c_t\ (f)^{\frac{\theta-1}{\theta}}\mathrm{d}f\right)^{\frac{\theta}{\theta-1}}$给出。式(5 - 6)包含了 Warnock (1998)关于消费的本国偏好思想，系数α决定了消费的本国偏好程度。当$\alpha>0.5$时，家庭具有本国偏好倾向，即更偏好于消费本国产品。在消费支出最小化条件下，我国代表性家庭对本国贸易品和外国贸易品的需求函数分别表示如下：

$$C_{H,t}=\alpha\left(\frac{P_{H,t}}{P_t}\right)^{-\gamma}C_t \tag{5-7}$$

$$C_{F,t}=(1-\alpha)\left(\frac{e_t P_{F,t}^*}{P_t}\right)^{-\gamma}C_t \tag{5-8}$$

其中，$P_{H,t}$表示本国贸易品的价格；$e_tP_{F,t}^*$为外国生产的贸易品的价格水平。由于本国是小国，因此本国贸易品在外国消费最终品中的比重可以忽略不计，这样可以假设外国消费最终品的价格等于其贸易品的价格，也就是$P_{F,t}^*=P_t^*$。将式(5 - 7)和式(5 - 8)代入总消费函数中便可得到我国的总价格水平：

$$P_t=\left[\alpha P_{H,t}^{1-\gamma}+(1-\alpha)(e_t P_{F,t}^*)^{1-\gamma}\right]^{\frac{1}{1-\gamma}} \tag{5-9}$$

假设我国投资品I_t和政府购买G_t与最终消费品C_t一样，由相同的 CES 函数加总而来。因此，我国代表性家庭的投资需求以及政府部门的政府购买需求函数与消费需求函数类似。

5.1.3 厂商

1. 贸易中间品厂商

假设每家贸易中间品厂商生产一种异质贸易中间品，因此贸易中间品厂商具有垄断能力。假设我国要素市场是完全竞争的，异质中间品厂商在要素市场上向家庭单位雇佣劳动及租赁资本来进行生产。贸易中间品厂商的生产技术由如下的Cobb-Douglas生产函数表示：

$$Y_t(h) = K_t(h)^{\eta} H_t(h)^{1-\eta} \tag{5-10}$$

其中，$K_t(h)$和$H_t(h)$分别表示我国贸易中间品厂商h的资本和劳动投入。假设所有中间品厂商具有相同的资本份额η，中间品厂商在资本租金R_t^k及劳动工资W_t给定的情况下，根据成本最小化可以得到如下的最优资本劳动投入比和边际生产成本：

$$\frac{K_t(h)}{H_t(h)} = \frac{\eta W_t}{(1-\eta)R_t^k} \tag{5-11}$$

$$\mathrm{MC}_t = \eta^{-\eta}(1-\eta)^{-(1-\eta)}(R_t^k)^{\eta}(W_t)^{(1-\eta)} \tag{5-12}$$

由于所有异质中间品厂商具有相同的资本劳动比，将式(5－11)进行变形，然后对其两边进行积分，则可得如下的表达式：

$$\int_0^1 K_t(h)\mathrm{d}h = \frac{\eta W_t}{(1-\eta)R_t^k}\int_0^1 H_t(h)\mathrm{d}h$$

$$\frac{K_t}{H_t} = \frac{\eta W_t}{(1-\eta)R_t^k} \tag{5-13}$$

其中，K_t和H_t分别为我国的资本供给和劳动供给，其表达式分别为$K_t = \int_0^1 K_t(h)\mathrm{d}h$，$H_t = \int_0^1 H_t(h)\mathrm{d}h$。

同理，由于所有异质中间品厂商具有相同的资本劳动比，将式(5－11)两边进行积分，则可得如下的表达式：

$$\int_0^1 Y_t(h)\mathrm{d}h = \int_0^1 K_t(h)^{\eta} H_t(h)^{1-\eta}\mathrm{d}h \tag{5-14}$$

利用式(5－11)和式(5－13)，则上式(5－14)可以进一步变形为

$$\int_0^1 Y_t(h)\mathrm{d}h = K_t^{\eta} H_t^{1-\eta} \tag{5-15}$$

2. 贸易品厂商

我国贸易品厂商处于完全竞争市场中，通过购买本国异质贸易中间品$Y_t(h)$，然后将其组装成贸易品$Y_{H,t}$。$Y_{H,t}$由如下的CES函数表示：

$$Y_{H,t}=\left[\int_0^1 (Y_t(h))^{\frac{\theta-1}{\theta}}\mathrm{d}h\right]^{\frac{\theta}{\theta-1}}$$

根据利润最大化与完全竞争厂商利润为零的条件,可得到我国最终品厂商对贸易中间品的需求函数及贸易品的价格指数:

$$Y_t(h)=\left(\frac{p_t(h)}{P_{H,t}}\right)^{-\theta}Y_{H,t} \tag{5-16}$$

$$P_{H,t}=\left[\int_0^1 (p_t(h))^{1-\theta}\mathrm{d}h\right]^{\frac{1}{1-\theta}} \tag{5-17}$$

其中,参数 θ 表示我国异质贸易中间品的替代弹性;$p_t(h)$ 表示异质贸易中间品 h 的价格。

在得到贸易中间品的需求函数之后,对式(5 - 16)进行积分,则可以得到贸易中间品的总需求函数,其可以表示如下:

$$\int_0^1 Y_t(h)\mathrm{d}h=Y_{H,t}\int_0^1\left(\frac{p_t(h)}{P_{H,t}}\right)^{-\theta}\mathrm{d}h \tag{5-18}$$

结合式(5 - 15)和式(5 - 18),则可以得到如下的表示式:

$$Y_{H,t}=Z_tK_t{}^{\eta}H_t{}^{1-\eta} \tag{5-19}$$

其中,$Z_t=1/\int_0^1\left(\frac{p_t(h)}{P_{H,t}}\right)^{-\theta}\mathrm{d}h$,其可以称为价格离散指数。

3. **最优定价**

本书参照 Obstfeld 等(2005)的处理方法,即我国的代表性厂商在进出口定价决策上均采用生产者货币定价。假设汇率具有完全传递性,这样本国和外国生产的贸易中间品价格在国内和国外均相同,即有 $p_t(h)=e_tp_t^*(h)$,$p_t(f)=e_tp_t^*(f)$。因此,对于本国和外国而言,本国和外国贸易品价格可以表示如下:

$$P_{H,t}=e_tP_{H,t}^*$$

$$P_{F,t}=e_tP_{F,t}^*$$

由于异质中间品厂商是垄断企业,故其在价格设定上具有定价能力。假设中间品价格存在价格黏性,产品价格调整遵循 Calvo(1983)定价机制:每期有$(1-\xi)$比例的中间品厂商能调整价格,不能调整价格的中间品厂商比例为 ξ。假设中间品厂商 h 可以调整价格时,考虑到现在至未来不能最优化其价格,它会选择最优调整价格 $\widetilde{p_t}(h)$ 来使现在到未来的预期利润折现和最大化,其期望利润的目标函数可以表示为

$$\max_{\widetilde{p_t}(h)} E_t\left[\sum_{i=0}^{\infty}(\xi\beta)^i\Lambda_{t+i}\left(\frac{\widetilde{p_t}(h)}{P_{t+i}}-\frac{\mathrm{MC}_{t+i}}{P_{t+i}}\right)Y_{t+i}(h)\right]$$

其中,$\Lambda_{t+i}=(C_{t+i})^{-\sigma}$,表示对未来预期收益的贴现率。我国中间品厂商 h 在 t 期的需求函数为

$$Y_t(h)=\left(\frac{p_t(h)}{P_{H,t}}\right)^{-\theta}Y_{H,t}$$

我国中间品厂商 h 在面临需求约束下，通过最大化上述期望利润的目标函数，可以得到 t 期的最优价格为

$$\widetilde{p}_t(h)=\frac{\theta}{\theta-1}\frac{E_t\left[\sum_{i=0}^{\infty}(\xi\beta)^i\Lambda_{t+i}Y_{H,t}\mathrm{MC}_{t+i}P_{H,t}^{\theta}\right]}{E_t\left[\sum_{i=0}^{\infty}(\xi\beta)^i\Lambda_{t+i}Y_{H,t}P_{H,t}^{\theta}\right]}$$

由于我国所有中间品厂商面临相同的边际成本，因此在 t 期能够调整价格的每个厂商都将选择相同的价格，因此如下的表达式成立：

$$\widetilde{p}_t=\widetilde{p}_t(h)=\frac{\theta}{\theta-1}\frac{E_t\left[\sum_{i=0}^{\infty}(\xi\beta)^i\Lambda_{t+i}Y_{H,t}\mathrm{MC}_{t+i}P_{H,t}^{\theta}\right]}{E_t\left[\sum_{i=0}^{\infty}(\xi\beta)^i\Lambda_{t+i}Y_{H,t}P_{H,t}^{\theta}\right]} \tag{5-20}$$

在 t 期，我国贸易品价格是能调价中间品厂商和不能调价中间品厂商价格的加权平均值。因此，我国贸易品价格可以表示为

$$P_{H,t}=\left[\xi(P_{H,t-1})^{1-\theta}+(1-\xi)(\widetilde{p}_t)^{1-\theta}\right]^{\frac{1}{1-\theta}} \tag{5-21}$$

4. **利润**

我国中间贸易品厂商 h 的利润可以表示为

$$\Pi_t(h)=p_t(h)y_t(h)-W_tH_t(h)-R_t^kK_t(h)$$

其中，上式右边第一项表示厂商 h 的收益，右边第二项表示厂商 h 的劳动支出，右边第三项表示厂商 h 支付的资本租金。对上式两边进行积分，这样我国所有中间品厂商的利润为

$$\Pi_t=\int_0^1\Pi_t(h)\mathrm{d}h=P_{H,t}Y_{H,t}-W_tH_t-R_t^kK_t \tag{5-22}$$

将利润函数式(5-22)代入我国代表性家庭的预算约束，这样家庭预算约束可以进一步化简为

$$P_tC_t+e_tM_t^*+P_tI_t+M_t=P_{H,t}Y_{H,t}+M_{t-1}+e_tM_{t-1}^*-P_tT_t \tag{5-23}$$

5.1.4 政府部门

我国政府部门的每期收入来自家庭部门的税收以及政府的铸币税收入，然后将其全部用于政府消费，其预算约束可以表示为

$$P_tG_t=P_tT_t+M_t-M_{t-1} \tag{5-24}$$

其中，G_t表示政府支出；T_t表示政府税收；M_t-M_{t-1}表示政府的铸币税收入。

5.1.5　国际收支平衡

我国的贸易余额等于我国的出口额减去进口额，其可以用如下的式子表示：

$$TB_t = P_{H,t}X_t - e_t P_t^*(C_{F,t} + I_{F,t} + G_{F,t}) \tag{5-25}$$

其中，上式左边表示我国的贸易余额，上式右边第一项表示我国的出口额，上式右边第二项表示我国的进口额。X_t表示外国对我国贸易品的需求，可以用如下的需求函数表示：

$$X_t = \left(\frac{P_{H,t}}{e_t P_t^*}\right)^{-\gamma} Y_t^* \tag{5-26}$$

其中，Y_t^* 表示外国的总需求；γ 表示我国贸易品与外国贸易品的替代弹性。

我国的国际收支平衡可以表示如下：

$$e_t M_t^* = e_t M_{t-1}^* + TB_t \tag{5-27}$$

其中，上式左边表示我国央行持有的外国净资产，上式右边第一项表示持有 $t-1$ 期至 t 期的外国净资产所获得的收益，上式右边第二项表示我国的净出口。

我国的经常账户余额表示为我国持有的外国净资产的变化，可以由如下的式子表示：

$$CA_t = e_t M_t^* - e_t M_{t-1}^* \tag{5-28}$$

我国的名义国内生产总值等于我国生产的贸易品总产值，可以由如下的公式表示：

$$P_t Y_t = P_{H,t} Y_{H,t} \tag{5-29}$$

5.1.6　市场结清

我国中间品厂商对中间品的供给等于我国最终品厂商对中间品的需求，这样中间品市场达到均衡。我国贸易品市场的出清要求我国贸易品的供给等于我国家庭单位消费、投资、政府购买及出口的总和，我国劳动市场的均衡要求我国中间品厂商的劳动需求等于家庭单位的劳动供给，我国资本市场的结清要求我国中间品厂商对资本的需求等于家庭单位的资本供给，我国货币市场的结清要求我国家庭单位对货币的需求等于政府部门的货币供给，用公式表示如下：

$$Y_{H,t} = \alpha\left(\frac{P_{H,t}}{P_t}\right)^{-\gamma}(C_t + I_t + G_t) + X_t \tag{5-30}$$

$$K_t = \int_0^1 K_t(h)\,dh \tag{5-31}$$

$$H_t = \int_0^1 H_t(h)\,dh \tag{5-32}$$

$$MS_t = M_t \tag{5-33}$$

将上述最优化决策的一阶条件、预算约束以及市场结清条件进行综合,可以得到整个开放经济体系的行为方程。该方程体系共包含 25 个方程,加上 1 个外生冲击项的驱动,共同决定了 25 个内生变量的动态变化。本章模型的内生变量为 $\{C_t, I_t, K_t, H_t, G_t, X_t, M_t, \mathrm{MS}_t, M_t^*, Y_{H,t}, Y_t, \mathrm{gh}_t^1, \mathrm{gh}_t^2, \mathrm{MC}_t, R_t^k, \mathrm{TB}_t, \mathrm{CA}_t, \pi_t, \pi_t^*, w_t, p_{H,t}, \mathrm{rer}_t, \mathrm{tot}_t, \mathrm{EX}_t, \mathrm{IM}_t\}$,外生冲击项为 v_t^m。由于上述经济体系的行为方程为非线性方程体系,因此在进行模拟前,通常对上述非线性方程体系在稳态点进行对数线性化(详细见附录 B)。

5.2 参数校准

模型的参数校准包括以下几个方面:家庭部门效用函数的参数校准、生产部门生产函数的参数校准、生产部门名义价格黏性的参数校准以及各变量稳态值的参数校准。对模型的参数校准通常有两种方法:第一种是参考现有文献的设定,第二种是通过实际数据进行校准。因此,在下面的参数校准中,我们将本章模型的参数分为两类:一是 $\{\beta, \varepsilon, \sigma, R^*, \varphi, H, \delta, \pi, \alpha, \theta, \gamma, \eta, \xi\}$,这些参数的校准主要参考现有的经典文献;二是 $\left\{\frac{\mathrm{tb}}{Y}, \frac{X}{Y}, \frac{C}{Y}, \frac{I}{Y}, \frac{G}{Y}, \frac{\mathrm{IM}}{Y}, \frac{m^*}{Y}, \frac{m}{Y}, \frac{b}{Y}, \frac{T}{Y}, \frac{Y_H}{Y}\right\}$,这些参数的校准主要采用我国相关方面的实际数据。

首先,校准家庭部门效用函数的参数值。根据经典的新开放宏观经济学文献和实际经济周期文献(Betts et al.,2000;Kollmann,2001;Chari et al.,2002),设定世界无风险利率为 4%,这样对应的年度无风险利率 R^* 为 1.04,因此我国家庭单位的时间折现率 β 等于 $1/R^*$。对于货币余额需求的跨期替代弹性倒数 ε,与 Chari 等(2002)设定一致,假设 ε 等于 0.5。对于消费跨期替代弹性倒数 σ,本章模型参照 Hall(1988)的做法,将消费跨期替代弹性倒数 σ 设定为 0.5。对于稳态劳动时间 H,Chari 等(2002)将其设定为 0.4。另外,对于资本折旧率 δ,主要文献将其设定为 0.06(王道平,2012;Benassy et al.,2013)。对于投资调整成本参数 φ,Christiano 等(2005)以及 Smets 等(2005)将其设定为 4;张伟进等(2014)运用贝叶斯估计方法,估计出城区投资调整成本与乡区投资调整成本参数分别为 4.59 和 3.91。综合上述文献的研究,本章将投资调整成本参数 φ 设定为 4。

其次,对生产函数参数的校准。根据 Bai 等(2010)的研究,1996—2007 年我国资本收入占总产出比重为 0.47,因此在模型中设定 η 为 0.47。另外,根据梅冬州等(2011)的研究发现,我国中间品厂商价格调整的平均周期为 4 个季度,则对应的我国中间品厂商的价格黏性 ξ 为 0.75。参考 Basu 等(1997)和 Benassy 等(2013)的研究,假设我国贸易中间品厂商的价格加成为 10%,这样可以得到我国贸易中间品的替代弹性 θ 为 10。在大部分 DSGE 文献中，跨国贸易品的替代弹性取值范围为 1 至 4 之间，在本书的研究中，我们设定本国贸易品与外国贸易品的替代弹性 γ 为 4。

综上，家庭部门效用函数和生产函数的参数如表 5－1 所示。

表 5－1　模型参数

参数描述	参数符号	中国
资本收入份额	η	0.47
资本折旧率	δ	0.06
跨期折现因子	β	0.96
消费跨期替代弹性倒数	σ	0.5
投资调整成本参数	φ	4
本国与外国贸易品的替代弹性	γ	4
贸易中间品的替代弹性	θ	10
货币需求跨期替代弹性倒数	ε	0.5
中间品厂商的价格黏性	ξ	0.75

最后，关于各变量稳态值的校准，模型也依据上述两种方法来进行。与张伟进等(2013，2014)的设定一致，本章模型将我国消费与国内生产总值的比例 C/Y、狭义货币与国内生产总值的比例 M/Y 及政府支出占国内生产总值的比例 G/Y 分别设定为 0.48、0.56 和 0.14。依据 1997—2017 年我国央行外汇和国外资产的数据以及同期国内生产总值的数据，可以得到我国央行外汇占国内生产总值的比例 M^*/Y 为 0.42。其余各变量的稳态值均可由上述比值推导出来，例如，我国出口在国内生产总值中的比重为 0.15，我国进口与国内生产总值的比重为 0.15。变量稳态值如表 5－2 所示。

表 5－2　变量稳态值

参数描述	参数符号	稳态值
消费产出比	C/Y	0.48
投资产出比	I/Y	0.37
政府支出产出比	G/Y	0.14
货币余额产出比	M/Y	0.56
外汇储备产出比	M^*/Y	0.42
出口产出比	X/Y	0.15
进口产出比	IM/Y	0.15

5.3 模拟分析

本节将在本章构建的小型开放动态随机一般均衡模型基础上,分析在现行的国际货币体系下,由于人民币非国际货币地位,我国对国际储备货币需求增加对我国经济内外部失衡造成的影响,以及对我国经常账户产生的影响。

在接下来的模拟分析中,考虑到人民币作为非国际储备货币,美元在国际货币体系中的主导地位,中国出于促进经济增长、防范国际金融风险和保持人民币汇率稳定,以及满足日益增长的国际贸易和国际结算等目的,对国际货币储备的需求不断增长。在下面的分析中,本节主要考虑对美元国际储备需求增加 1 个标准差的正向冲击,将对我国消费、产出、储蓄、投资等宏观经济变量的影响,以及对我国经济内部失衡和外部失衡的影响①。

5.3.1 脉冲响应

图 5-1 和图 5-2 表示国际储备需求正向冲击的脉冲响应函数②。随着我国对美元国际储备需求增加,我国贸易条件出现恶化,使得我国贸易品价格相对外国贸易品价格变得更加便宜,这样有助于我国贸易品出口。另外,随着实际汇率贬值,我国贸易品价格相对外国贸易品而言变得更有吸引力,贸易条件恶化以及实际汇率贬值均会促进我国贸易品的出口。同时,随着贸易条件恶化以及实际汇率贬值,外国贸易品价格变得相对昂贵,我国会减少外国贸易品的进口,导致外国贸易品在我国的出口受挫。在我国贸易品出口增加以及对外国贸易品进口减少的情形下,我国净出口出现增长。随着我国净出口增加,表示外国对我国贸易品的需求上升,我国出口部门变得更加繁荣,因而我国贸易品产出也出现了扩张。由于我国贸易品产出扩张的带动,导致总产出水平也进一步提高,我国经济体出现过热,通胀率也随之上升。此外,随着我国净出口增加,我国出现贸易顺差,导致我国持有的美元国际储备随之上升。根据我国家庭部门对国际储备需求的最优化条件可知,随着我国持有的国际储备提升,我国家庭消费受到抑制,并出现下降。根据家庭部门对本国货币需求的最优化条件可知,随着我国家庭部门消费出现下降,我国家庭部门对本国货币的需求也减少。由于国际储备冲击造成我国家庭消费出现下滑,我国家庭储蓄进而得以提升。随着我国家庭储蓄增加,我国国内投资也将进一步增加。与此同时,由于我国持有的国际储备提升,进而造成我国持有的外国净资产也增加。此外,由于一国经常账户等于其持有的外国净资产的变化,因而我国经常账户出现盈余。

---

① 本书对本国和外国贸易品替代弹性、贸易中间品替代弹性的参数稳健性进行了检验,由于稳健性检验结果与模拟分析一致,因此,本书并未报告参数稳健性检验结果。

② 由于篇幅限制,本书并未报告所有变量的脉冲响应函数,只列出了本章核心变量的脉冲响应。

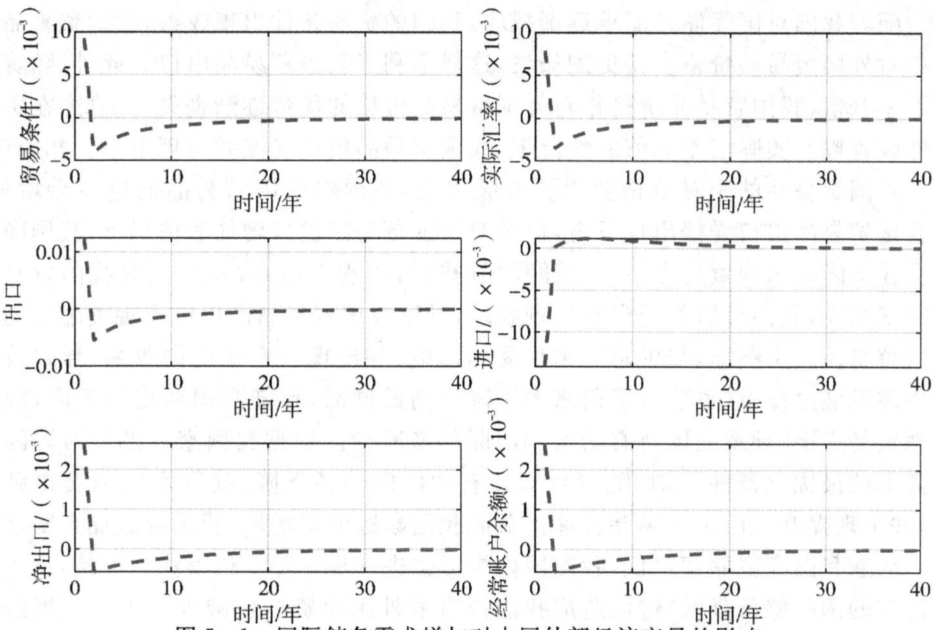

图 5-1　国际储备需求增加对中国外部经济变量的影响

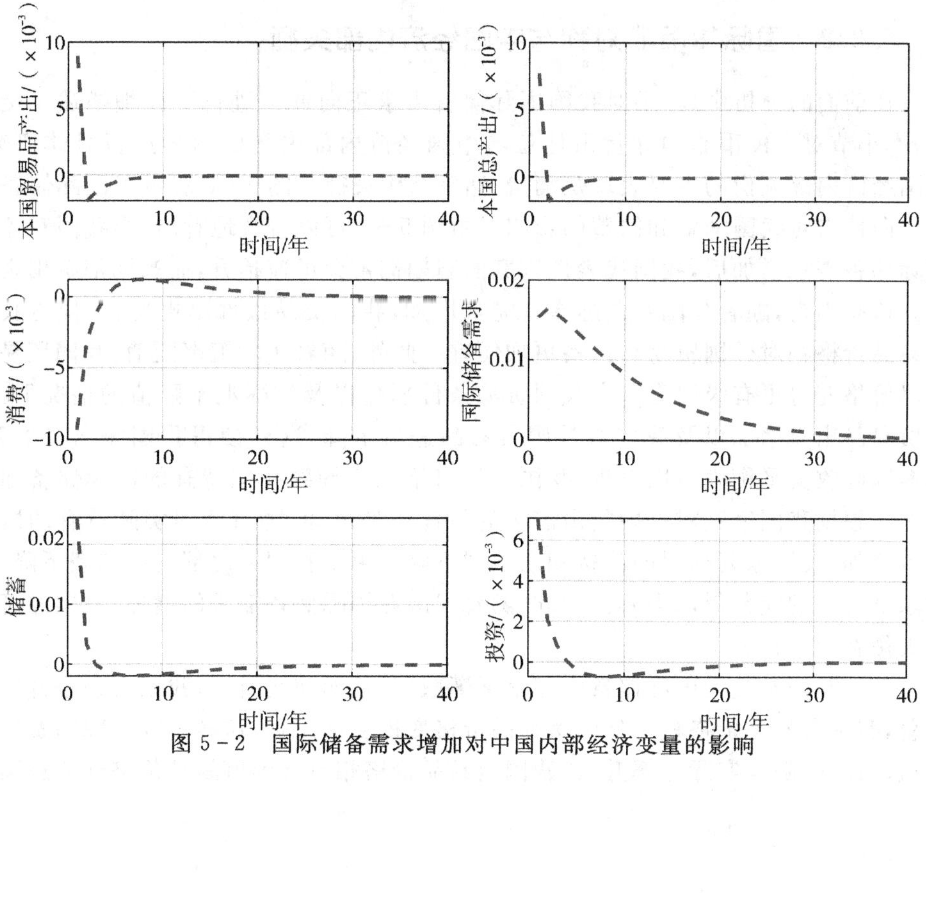

图 5-2　国际储备需求增加对中国内部经济变量的影响

随着我国对国际储备需求逐渐减弱，我国的贸易条件出现改善，我国贸易品价格相对外国贸易品价格变得更加昂贵，这样不利于我国贸易品出口。此外，随着实际汇率升值，我国贸易品价格相对外国贸易品价格的优势逐渐丧失。因此，在贸易条件改善以及实际汇率升值的情况下，我国贸易品出口受挫并出现下滑。相应地，由于外国贸易品的相对价格变得更有吸引力，我国对外国贸易品的进口会增加。在我国贸易品出口受挫出现下滑，以及对外国贸易品进口增加的情形下，我国净出口受挫下降并出现贸易赤字。伴随我国净出口出现下滑，表示外国对我国贸易品的需求减少，我国外贸部门受挫出现收缩，导致我国贸易品产出也出现萎缩。随着我国贸易品产出萎缩，我国总产出也受到影响，并出现一定程度的收缩，导致我国经济体发展过冷，这也造成了通胀率下降。与此同时，伴随我国净出口下降，我国出现贸易赤字，导致我国持有的美元国际储备减少。根据我国家庭部门对国际储备需求的最优化条件可知，随着我国持有的国际储备下降，我国家庭消费得到释放，并出现提升。由于国际储备冲击造成我国家庭消费增加，我国家庭储蓄随之下降。随着我国家庭储蓄降低，我国国内投资也进一步下降。值得注意的是，由于我国持有的国际储备降低，进而造成我国持有的外国净资产也减少。由于一国经常账户等于其持有的外国净资产的变化，因而我国经常账户出现赤字。

5.3.2 国际货币非对称与中国经济内部失衡

在前面的分析中，本书对我国国际储备需求正向冲击进行了详细描述。接下来，本小节对人民币非国际货币地位与中国经济内部失衡的影响进行具体研究。中国经济内部失衡的主要表现是消费-储蓄结构失衡。图 5－3 展示了国际储备需求正向冲击对我国消费和储蓄的影响。由图 5－3 可以直观地看出，当我国对美元国际储备需求增加后，我国代表性家庭的当期储蓄会迅速抬升，而当期消费出现下滑。这是因为，随着我国对国际储备需求增加，我国贸易条件出现恶化，使得我国贸易品价格相对外国贸易品价格更加便宜。此外，随着实际汇率贬值，我国贸易品相对价格变得更有吸引力。在我国贸易条件恶化以及实际汇率贬值的情况下，我国贸易品出口增加以及我国对外国贸易品进口下降，这样使得我国净出口上升。根据国际收支平衡表可以发现，我国净出口增加会导致我国持有的国际储备随之提高。根据我国家庭对外国货币需求的最优条件可知，随着我国实际持有的国际储备增加，我国家庭部门的消费随之出现下降。由于我国家庭部门的消费下降，我国家庭部门的储蓄得以提升。因此，随着我国对国际储备需求的增加，我国经济内部失衡在当期扩大。

随着我国对美元国际储备的需求逐渐减弱，正如前文所述，我国贸易条件出现改善，我国贸易品价格相对外国贸易品价格变得更加昂贵，这样不利于我国贸易品出口。此外，随着实际汇率升值，我国贸易品价格相对外国贸易品价格优势逐渐丧

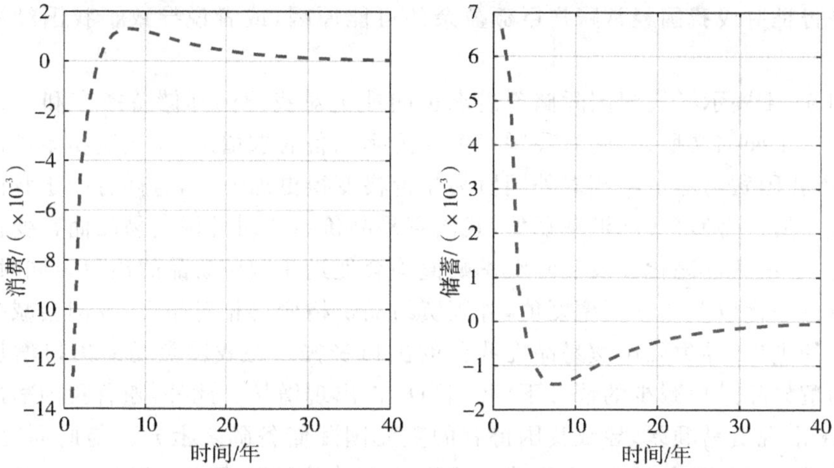

图 5-3 国际货币需求冲击对我国消费和储蓄的影响

失。因此,在贸易条件改善以及实际汇率升值的情况下,我国贸易品出口受挫并出现下滑。相应地,由于外国贸易品相对价格变得更有吸引力,我国对外国贸易品的进口会增加。在我国贸易品出口受挫出现下滑,以及对外国贸易品进口增加的情形下,我国净出口受挫下降并出现贸易赤字。伴随我国净出口下降,我国出现贸易赤字,导致我国持有的美元国际储备减少。根据我国家庭部门对国际储备需求的最优化条件可知,随着我国持有的国际储备下降,我国家庭消费得到释放,并出现提升。由于国际储备冲击造成我国家庭消费出现增加,我国家庭储蓄随之出现下降。因此,随着我国对美元国际储备需求的减弱,我国经济内部失衡在一定程度上出现缓解。

上述模拟结果与王道平(2012)的研究结论基本一致。但是,在将国际储备需求冲击纳入效用函数后,本书研究发现,随着中国对美元国际储备需求增加,中国储蓄在当期出现上升,随后便下降至低于稳态水平,这表明冲击造成中国储蓄增加的持续性显著下降,这与王道平(2012)的研究结果存在较大差异。这似乎与观察到的经验现象不符。产生这种差异的可能原因是,本书对美元外汇储备需求增加的模拟只是一次性的。换言之,本章研究的是中国对美元外汇储备需求增加一次对中国储蓄的影响。如果中国对美元外汇储备的需求持续增加,那么中国的储蓄会不断上升,这样本书的模拟结果与经验事实可能并不背离。

5.3.3 国际货币非对称与中国经济外部失衡

改革开放后,特别是我国加入世界贸易组织以来,我国经济的另一个突出表现是贸易顺差持续存在、外汇储备累积不断增加以及经常账户巨额盈余。值得思考的是,这些现象是否与我国人民币的非国际货币地位有关?人民币的非国际储备地位是否是造成我国经常账户巨额盈余的可能原因，或者说导致了我国经济的外部失衡？

图 5-4 展示了我国国际储备需求正向冲击对我国国际储备持有和经常账户的影响。正如前文所述，随着我国对美元国际储备需求增加，我国贸易条件出现恶化，使得我国贸易品价格相对外国贸易品价格变得更加便宜，这样有助于我国贸易品出口。另外，随着实际汇率贬值，我国贸易品价格相对外国贸易品而言变得更有吸引力，贸易条件恶化以及实际汇率贬值均会促进我国贸易品的出口。同时，随着贸易条件恶化以及实际汇率贬值，外国贸易品价格变得相对昂贵，我国会减少外国贸易品的进口，导致外国贸易品在我国的出口受挫。在我国贸易品出口增加以及对外国贸易品进口减少的情形下，我国净出口出现增长。此外，随着我国净出口增加，我国出现贸易顺差，导致我国持有的美元国际储备随之上升。与此同时，由于我国持有的国际储备提升，进而造成我国持有的外国净资产也增加。由于一国经常账户等于其持有的外国净资产的变化，故我国经常账户出现盈余。因此，随着我国对美元国际储备需求增加，我国经济外部失衡扩大。

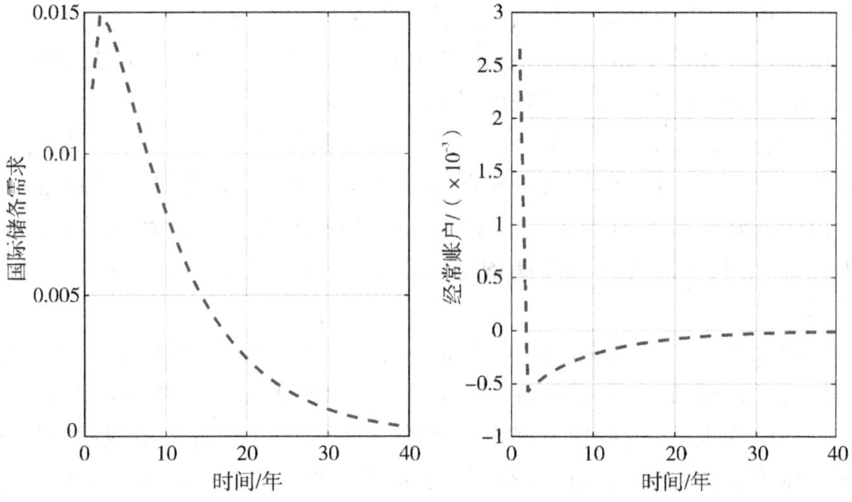

图 5-4　国际货币需求冲击对我国外国净资产和经常账户的影响

随着我国对国际储备需求逐渐减弱，我国的贸易条件出现改善，我国贸易品价格相对外国贸易品价格变得更加昂贵，这样不利于我国贸易品出口。此外，随着实际汇率升值，我国贸易品价格相对外国贸易品价格优势逐渐丧失。因此，在贸易条件改善以及实际汇率升值的情况下，我国贸易品出口受挫并出现下滑。相应地，由于外国贸易品相对价格变得更有吸引力，我国对外国贸易品的进口会增加。在我国贸易品出口受挫出现下滑，以及对外国贸易品进口增加的情形下，我国净出口受挫下降并出现贸易赤字。与此同时，伴随我国净出口下降，我国出现贸易赤字，导致我国持有的美元国际储备减少。值得注意的是,由于我国持有的国际储备降低,进而造成我国持有的外国净资产也减少。由于一国经常账户等于其持有的外国净资产的变化,故我国经常账户出现赤字。因此,随着我国对国际储备需求减弱,我国经济外部失衡出现一定程度的缓解。

综上所述,上述模拟结果与王道平(2012)的研究结论基本一致。但是,在将国际储备需求冲击纳入效用函数后,本书研究发现,随着中国对美元国际储备需求增加,中国经常账户在当期出现上升,随后便下降至低于稳态水平,这表明冲击造成中国经常账户盈余的持续性显著下降,而这与王道平(2012)的研究结果存在较大差异。在现行国际货币体系下,只要人民币为非国际储备货币,我国对美元外汇储备需求增加,必然造成我国经济外部失衡,使我国经常账户出现盈余。除非对现行的国际货币秩序进行改革,进一步推动人民币国际化进程;否则,在短期内难以解决我国的巨额经常账户失衡问题。

5.4　本章小结

本章模型在 Obstfeld 等(1995)、Bergin(2003)以及王道平(2012)研究的基础上,构建了一个货币地位不对称的小型开放经济、动态随机一般均衡模型。该模型结合我国的实际数据,模拟了在现行的国际货币体系下,由于人民币非国际储备货币,我国储备货币需求增加对我国居民消费、产出、国际收支和经常账户余额等产生的影响,同时也考察了对我国经济内部失衡和外部失衡造成的影响。通过对模型进行模拟,本章得出以下主要结论:

第一,国际储备需求增加会造成中国经济内部失衡。因为在现行国际货币体系下,由于人民币非国际货币地位,随着中国对国际储备需求增加,中国贸易条件出现恶化以及实际汇率出现贬值,中国贸易品相对价格下降,外国贸易品相对价格上升,进而造成中国贸易品出口增加以及中国对外国贸易品进口下降,这样使得中国净出口上升,进而导致中国持有的国际储备也随之上升。由于中国家庭部门的储蓄包括国际储备,因此,中国储蓄也会随着国际储备增加而提升。另外,根据中国家庭对外国货币需求的最优条件可以发现,中国家庭部门的消费随着国际储备需求上升而下降。因此,随着中国对国际储备需求增加,中国经济内部出现失衡。

第二,国际储备需求增加会造成中国经济外部失衡,也会导致中国经常账户盈余的持续性明显下降。当中国国际储备需求受到正向冲击后,中国贸易条件出现恶化以及实际汇率贬值,造成中国贸易品相对外国贸易品价格出现下降,并且外国贸易品相对价格出现上升，进而导致中国贸易品出口增加和外国贸易品进口减少，进一步造成中国净出口增加并出现贸易顺差。中国净出口增加会导致其持有的国际储备也随之上升，进而使得中国经常账户出现盈余。因此，随着中国对国际储备需求增加，中国经济外部出现失衡，且造成中国经常账户盈余的持续性明显下降。

第 6 章

国际货币非对称与经常账户失衡：两国模型

第6章

[illegible]

第 5 章在小国模型的框架下，研究了在现行国际货币非对称的条件下，我国对外汇储备需求增加对我国经济内外部失衡的影响，以及对我国经常账户失衡的影响。第 5 章采用的是小国模型，其缺陷是只考虑世界经济对小国的影响，并未考虑小国对世界经济的影响。因此，本章在第 5 章的基础上，将小国模型拓展为两国模型，考虑两个国家在相互影响的情形下，研究国际货币非对称对经常账户失衡的影响。

6.1　理论模型

世界由位于[0,1]区间的连续生产者构成，每个生产者生产一种异质品。本国是由[0,n]区间的生产者组成，外国是由[n,1]区间的生产者组成。本章模型是一个开放经济模型，模型由两国构成：本国和外国。本国表示中国，外国表示美国。我国由家庭部门、生产部门以及政府部门组成。家庭部门能够无限存活，其向生产部门提供劳动服务和出租资本，并获得工资收入和租金收入。假设家庭部门是生产部门的所有者，则生产部门的利润归家庭拥有。家庭部门得到收入后，会进行消费、投资、持有本国货币和国际储备货币。

生产部门由一种厂商构成，其在垄断的市场环境下，通过雇佣劳动和租赁资本来生产具有差异化的贸易中间品。贸易品生产商通过购买不同的贸易中间品，将其组装成贸易品，然后与外国贸易品组装成最终品，最终品可以用于消费、投资和政府购买，但不能进行跨国贸易。另外，政府部门对家庭单位征收一次总付的税收，同时发行本国货币，然后政府将全部收入用于政府购买。

本章模型在 Obstfeld 等(1995)、Bergin(2003)以及王道平(2012)研究的基础上，构建了一个货币地位不对称的大型开放经济模型。由于我国货币不是国际储备货币，因此在国际贸易结算中，我国必须使用国际储备货币进行结算，这样会对储备货币产生需求。因此，本章模型主要分析了我国储备货币需求增加对中美两国居民消费、产出、国际收支和经常账户余额等产生的影响，以及对中美两国经济内外部失衡的影响。模型中外国变量均用上标星号标识。

6.1.1　家庭部门

由于我国货币并非国际储备货币，对于我国代表性家庭而言，其不但对本国货币存在需求，也对国际储备货币存在需求。假设我国家庭部门是同质的，他们拥有相同的偏好及禀赋，这样便于分析我国代表性家庭部门的最优化问题。我国家庭部门最大化其预期终生效用的折现和，其效用函数由如下的公式表示：

$$E_0 \sum_{t=0}^{\infty} \beta^t U_t\left(C_t, \frac{M_t}{P_t}, \frac{e_t M_{F,t}}{P_t}, H_t\right)$$

其中，$U_t=\frac{(C_t)^{1-\sigma}}{1-\sigma}+\frac{\chi}{1-\varepsilon}\left(\frac{M_t}{P_t}\right)^{1-\varepsilon}+\frac{\chi_1 e^{v_t^m}}{1-\varepsilon}\left(\frac{e_t M_{F,t}}{P_t}\right)^{1-\varepsilon}+\rho\ln(1-H_t)$；$C_t$为我国代表性家庭的实际消费；$P_t$为我国消费者价格指数；$M_t/P_t$为我国代表性家庭对我国实际货币余额的需求；$e_tM_{F,t}/P_t$表示我国代表性家庭对实际国际储备货币余额的需求；$H_t$为我国居民的劳动供给；参数$\beta(0<\beta<1)$表示衡量效用的主观折现因子；$1/\sigma$和$1/\varepsilon$分别为消费和实际货币余额需求的跨期替代弹性；参数$\chi$、$\chi_1$和$\rho$分别表示本国实际货币余额、外国实际货币余额以及闲暇相对于消费的重要程度；v_t^m表示我国家庭部门对国际储备货币的需求冲击，家庭部门对国际储备货币的需求冲击服从一阶过程，即$v_t^m=\rho_m v_{t-1}^m+\tau_t$。我国代表性家庭面临的跨期预算约束为

$$\begin{aligned}&P_tC_t+e_tM_{F,t}+M_t+P_tI_t\\&=W_tH_t+e_tM_{F,t-1}+M_{t-1}+R_t^kK_t-P_tT_t+\Pi_t\end{aligned}$$

其中，P_tC_t是我国代表性家庭的名义消费；M_t和$e_tM_{F,t}$分别为我国家庭持有的本国货币与国际储备货币；P_tI_t表示我国家庭部门的名义投资；W_tH_t为名义劳动工资收入；$R_t^kK_t$为资本租金收入；P_tT_t为我国政府对本国居民的一次总付税收；Π_t为我国家庭从本国厂商获得的名义利润。

我国代表性家庭部门累积资本并将其出租给中间品厂商，我国代表性家庭的资本累积方程可以表示如下：

$$K_{t+1}=(1-\delta)K_t+I_t-\frac{\varphi}{2}\frac{(K_{t+1}-K_t)^2}{K_t}\tag{6-1}$$

其中，K_t表示t期初的资本存量；I_t表示投资；δ表示资本的折旧率；φ表示资本的调整系数。

我国代表性家庭在跨期预算约束和资本累积方程的限制下，通过选择消费C_t、本国货币余额M_t、国际货币余额$M_{F,t}$、劳动供给H_t、资本存量K_{t+1}和投资I_t来最大化其终生效用的折现和，这样可以得到如下最优化的一阶条件：

$$\chi\left(\frac{M_t}{P_t}\right)^{-\varepsilon}=(C_t)^{-\sigma}-\beta E_t\left[\frac{(C_{t+1})^{-\sigma}}{\pi_{t+1}}\right]\tag{6-2}$$

$$\chi_1 e^{v_t^m}\left(\frac{e_tM_{F,t}}{P_t}\right)^{-\varepsilon}=(C_t)^{-\sigma}-\beta E_t\left[\frac{(C_{t+1})^{-\sigma}}{\pi_{t+1}}\right]\tag{6-3}$$

$$\frac{\rho}{1-H_t}=(C_t)^{-\sigma}\frac{W_t}{P_t}\tag{6-4}$$

$$\left(1+\varphi\frac{K_{t+1}-K_t}{K_t}\right)(C_t)^{\sigma}=\beta E_t\left[(C_{t+1})^{\sigma}\left(1+R_{t+1}^k-\delta+\frac{\varphi}{2}\frac{K_{t+2}^2-K_{t+1}^2}{K_{t+1}^2}\right)\right]\tag{6-5}$$

其中，式(6－2)表示我国家庭部门对本国货币的需求方程，它表示实际货币与消费的边际替代率等于持有实际货币的相对价格；式(6－3)是我国代表性家庭对外国货币的需求方程；式(6－4)是家庭部门的劳动供给方程，它表示最优劳动供给决策

是使劳动与消费的边际替代率等于实际工资;式(6-5)是投资欧拉方程,它表示实际资本价值等于投资边际成本。

由于外国货币为国际储备货币,对于外国代表性家庭而言,其只对外国货币存在需求。假设外国家庭部门是同质的,他们拥有相同的偏好及禀赋,这样便于分析外国代表性家庭部门的最优化问题。外国家庭部门最大化其预期终生效用的折现和,其效用函数由如下的公式表示:

$$E_0 \sum_{t=0}^{\infty} \beta U_t \left(C_t^*, \frac{M_{F,t}^*}{P_t^*}, H_t^* \right)$$

其中,$U_t = \frac{(C_t^*)^{1-\sigma}}{1-\sigma} + \frac{\chi}{1-\varepsilon}\left(\frac{M_{F,t}^*}{P_t^*}\right)^{1-\varepsilon} + \rho\ln(1-H_t^*)$;$C_t^*$ 为外国代表性家庭的实际消费;P_t^* 为外国消费者价格指数;$M_{F,t}^*/P_t^*$ 为外国代表性家庭对外国实际货币余额的需求;H_t^* 为外国居民的劳动供给;参数 $\beta(0<\beta<1)$ 表示衡量效用的主观折现因子;$1/\sigma$ 和 $1/\varepsilon$ 分别为消费和实际货币余额需求的跨期替代弹性;参数 χ 和 ρ 分别表示外国实际货币余额以及闲暇相对于消费的重要程度。外国代表性家庭面临的跨期预算约束为

$$\begin{aligned} &P_t^* C_t^* + M_{F,t}^* + P_t^* I_t^* \\ &= W_t^* H_t^* + M_{F,t-1}^* + R_t^{k*} K_t^* + \Pi_t^* - P_t^* T_t^* \end{aligned}$$

其中,$P_t^* C_t^*$ 是外国代表性家庭的名义消费;$M_{F,t}^*$ 为外国家庭持有的外国货币;$P_t^* I_t^*$ 表示外国家庭部门的名义投资;$W_t^* H_t^*$ 为名义劳动工资收入;$R_t^{k*} K_t^*$ 为资本租金收入;$P_t^* T_t^*$ 为外国政府对外国居民的一次总付税收;Π_t^* 为外国家庭从外国厂商获得的名义利润。

与本国类似,外国代表性家庭的资本累积方程如下:

$$K_{t+1}^* = (1-\delta)K_t^* + I_t^* - \frac{\varphi}{2}\frac{(K_{t+1}^* - K_t^*)^2}{K_t^*} \tag{6-6}$$

外国代表性家庭在跨期预算约束和资本累积方程的限制下,通过选择消费 C_t^*、外国货币余额 $M_{F,t}^*$、劳动供给 H_t^*、资本存量 K_{t+1}^* 和投资 I_t^* 来最大化其终生效用的折现和,这样可以得到如下最优化的一阶条件:

$$\chi\left(\frac{M_{F,t}^*}{P_t^*}\right)^{-\varepsilon} = (C_t^*)^{-\sigma} - \beta E_t\left[\frac{(C_{t+1}^*)^{-\sigma}}{\pi_{t+1}^*}\right] \tag{6-7}$$

$$\frac{\rho}{1-H_t^*} = (C_t^*)^{-\sigma}\frac{W_t^*}{P_t^*} \tag{6-8}$$

$$\left(1+\varphi\frac{K_{t+1}^* - K_t^*}{K_t^*}\right)(C_t^*)^{\sigma} = \beta E_t\left[(C_{t+1}^*)^{\sigma}\left(1+R_{t+1}^{k*} - \delta + \frac{\varphi}{2}\frac{(K_{t+2}^*)^2 - (K_{t+1}^*)^2}{(K_{t+1}^*)^2}\right)\right] \tag{6-9}$$

其中,式(6-7)表示外国家庭部门对外国货币的需求方程,它表示实际货币与消费的边际替代率等于持有实际货币的相对价格;式(6-8)是外国家庭部门的劳动供

给方程，它表示最优劳动供给决策是使劳动与消费的边际替代率等于实际工资；式(6-9)是投资欧拉方程，它表示实际资本价值等于投资边际成本。

6.1.2 消费需求

我国代表性家庭除了进行上述资源最优配置外，还面临着如何在本国产品和外国产品之间最优分配总消费支出。我国代表性家庭在总消费支出给定的情况下，通过选择本国产品和外国产品来最小化总支出。假设最终消费品C_t由如下的CES函数表示：

$$C_t = [\alpha^{\frac{1}{\gamma}} (C_{H,t})^{\frac{\gamma-1}{\gamma}} + (1-\alpha)^{\frac{1}{\gamma}} (C_{F,t})^{\frac{\gamma-1}{\gamma}}]^{\frac{\gamma}{\gamma-1}} \tag{6-10}$$

其中，$C_{H,t}$和$C_{F,t}$分别为本国代表性家庭对本国贸易品和外国贸易品的需求；参数α表示本国贸易品在消费中所占的比重；γ表示本国贸易品与外国贸易品的替代弹性。式(6-10)包含了Warnock(1998)关于消费的本国偏好思想，系数α决定了消费的本国偏好程度。当$\alpha>0.5$时，家庭部门具有本国偏好倾向，即更偏好于消费本国产品。本国贸易品$C_{H,t}$和外国贸易品$C_{F,t}$分别由如下的Dixit-Stiglitz函数给出：

$$C_{H,t} = \left[\left(\frac{1}{n}\right)^{\frac{1}{\theta}} \int_0^n (C_t(h))^{\frac{\theta-1}{\theta}} \mathrm{d}h\right]^{\frac{\theta}{\theta-1}} \tag{6-11}$$

$$C_{F,t} = \left[\left(\frac{1}{1-n}\right)^{\frac{1}{\theta}} \int_n^1 (C_t(f))^{\frac{\theta-1}{\theta}} \mathrm{d}f\right]^{\frac{\theta}{\theta-1}} \tag{6-12}$$

其中，θ表示本国(外国)贸易中间品的替代弹性。在消费支出最小化条件下，我国代表性家庭对本国产品$C_{H,t}$和外国产品$C_{F,t}$的需求函数分别表示如下：

$$C_{H,t} = \alpha \left(\frac{P_{H,t}}{P_t}\right)^{-\gamma} C_t \tag{6-13}$$

$$C_{F,t} = (1-\alpha)\left(\frac{e_t P_{F,t}^*}{P_t}\right)^{-\gamma} C_t \tag{6-14}$$

其中，$P_{H,t}$表示本国贸易品的价格；$e_t P_{F,t}^*$为外国生产的贸易品在本国的价格水平。将式(6-13)和式(6-14)代入总消费函数(6-10)中便可得到本国的总价格水平：

$$P_t = [\alpha P_{H,t}^{1-\gamma} + (1-\alpha)(e_t P_{F,t}^*)^{1-\gamma}]^{\frac{1}{1-\gamma}} \tag{6-15}$$

同样地，在对本国贸易品$C_{H,t}$和外国贸易品$C_{F,t}$消费支出最小化条件下，本国代表性家庭部门对本国贸易中间品$C_t(h)$和外国贸易中间品$C_t(f)$的需求函数可分别表示如下：

$$C_t(h) = \frac{1}{n}\alpha \left(\frac{P_t(h)}{P_{H,t}}\right)^{-\theta} \left(\frac{P_{H,t}}{P_t}\right)^{-\gamma} C_t \tag{6-16}$$

$$C_t(f) = \frac{1}{1-n}(1-\alpha)\left(\frac{P_t(f)}{e_t P_{F,t}^*}\right)^{-\theta} \left(\frac{e_t P_{F,t}^*}{P_t}\right)^{-\gamma} C_t \tag{6-17}$$

其中，$P_t(h)$表示本国贸易中间品 h 的价格；$P_t(f)$表示外国贸易中间品 f 在本国的价格，本国贸易品和外国贸易品的价格可以定义如下：

$$P_{H,t} = \left[\frac{1}{n}\int_0^n (P_t(h))^{1-\theta}\mathrm{d}h\right]^{\frac{1}{1-\theta}} \tag{6-18}$$

$$e_t P_{F,t}^* = \left[\frac{1}{1-n}\int_n^1 (e_t P_t^*(f))^{1-\theta}\mathrm{d}f\right]^{\frac{1}{1-\theta}} \tag{6-19}$$

假设本国投资品I_t和政府购买G_t与最终消费品C_t一样，由相同的 CES 函数加总而来。因此，本国代表性家庭的投资需求和政府部门的政府购买需求函数与家庭消费需求函数类似。

对于外国代表性家庭而言，假设其最终消费品C_t^*由如下的 CES 函数加总而来：

$$C_t^* = \left[\alpha^{\frac{1}{\gamma}}(C_{F,t}^*)^{\frac{\gamma-1}{\gamma}} + (1-\alpha)^{\frac{1}{\gamma}}(C_{H,t}^*)^{\frac{\gamma-1}{\gamma}}\right]^{\frac{\gamma}{\gamma-1}} \tag{6-20}$$

其中，$C_{H,t}^*$和$C_{F,t}^*$分别为外国代表性家庭对本国贸易品和外国贸易品的需求，在消费支出最小化条件下，外国代表性家庭对本国产品和外国产品的需求函数分别表示如下：

$$C_{H,t}^* = (1-\alpha)\left(\frac{P_{H,t}}{e_t P_t^*}\right)^{-\gamma} C_t^* \tag{6-21}$$

$$C_{F,t}^* = \alpha\left(\frac{P_{F,t}^*}{P_t^*}\right)^{-\gamma} C_t^* \tag{6-22}$$

将式(6 - 21)和式(6 - 22)代入式(6 - 20)中，这样便可得到外国的总价格水平：

$$P_t^* = \left[\alpha(P_{F,t}^*)^{1-\gamma} + (1-\alpha)\left(\frac{P_{H,t}}{e_t}\right)^{1-\gamma}\right]^{\frac{1}{1-\gamma}} \tag{6-23}$$

与本国类似，假设外国投资品I_t^*和政府购买G_t^*与最终消费品C_t^*一样，由相同的 CES 函数加总而来。因此，外国代表性家庭的投资需求以及政府部门的政府购买需求函数与外国家庭消费需求函数类似。

6.1.3　厂商

1. 贸易中间品厂商

假设每家贸易中间品厂商生产一种异质贸易中间品，因此贸易中间品厂商具有垄断能力。假设我国要素市场是完全竞争的，异质中间品厂商在要素市场上向家庭单位雇佣劳动及租赁资本来进行生产。贸易中间品厂商的生产技术由如下的 Cobb-Douglas 生产函数表示：

$$Y_t(h) = K_t(h)^{\eta} H_t(h)^{1-\eta} \tag{6-24}$$

其中，$K_t(h)$和$H_t(h)$分别表示我国贸易中间品厂商 h 的资本和劳动投入。假设所有中间品厂商具有相同的资本份额 η，中间品厂商在资本租金R_t^k及劳动工资W_t给定的情况下，根据成本最小化原则，可以得到如下的最优资本劳动投入比和边际生产成本：

$$\frac{K_t(h)}{H_t(h)}=\frac{\eta W_t}{(1-\eta)R_t^k} \tag{6-25}$$

$$MC_t=\eta^{-\eta}(1-\eta)^{-(1-\eta)}(R_t^k)^{\eta}(W_t)^{(1-\eta)} \tag{6-26}$$

由于所有异质中间品厂商具有相同的资本劳动比，将式(6－25)进行变形，然后对其两边进行积分，则可得如下的表达式：

$$\frac{K_t}{H_t}=\frac{\eta W_t}{(1-\eta)R_t^k} \tag{6-27}$$

其中K_t、H_t分别为本国的资本供给和劳动供给，其表达式为 $K_t=\int_0^n K_t(h)\mathrm{d}h$ ，$H_t=\int_0^n H_t(h)\mathrm{d}h$ 。

同理，由于所有异质中间品厂商具有相同的资本劳动比，将式(6－24)两边进行积分，则可得如下的表达式：

$$\int_0^n Y_t(h)\mathrm{d}h=\int_0^n K_t(h)^{\eta}H_t(h)^{1-\eta}\mathrm{d}h \tag{6-28}$$

利用式(6－25)和式(6－27)，则上式(6－28)可以进一步变形为

$$\int_0^n Y_t(h)\mathrm{d}h=K_t{}^{\eta}H_t{}^{1-\eta} \tag{6-29}$$

类似地，根据成本最小化，且由于所有外国异质中间品厂商面临相同的生产要素价格，则可以得到如下的外国最优资本劳动投入比、边际生产成本和贸易品生产函数：

$$\frac{K_t^*}{H_t^*}=\frac{\eta W_t^*}{(1-\eta)R_t^{k*}} \tag{6-30}$$

$$MC_t^*=\eta^{-\eta}(1-\eta)^{-(1-\eta)}(R_t^{k*})^{\eta}(W_t^*)^{(1-\eta)} \tag{6-31}$$

$$\int_0^n Y_t(f)\mathrm{d}f=(K_t^*)^{\eta}(H_t^*)^{1-\eta} \tag{6-32}$$

2. **贸易品厂商**

本国贸易品厂商处于完全竞争市场中，通过购买本国异质贸易中间品$Y_t(h)$，然后将其组装成贸易品$Y_{H,t}$。$Y_{H,t}$由如下的 CES 函数表示：

$$Y_{H,t}=\left[\left(\frac{1}{n}\right)^{\frac{1}{\theta}}\int_0^n (Y_t(h))^{\frac{\theta-1}{\theta}}\mathrm{d}h\right]^{\frac{\theta}{\theta-1}} \tag{6-33}$$

根据利润最大化与完全竞争厂商利润为零的条件，可得到本国最终品厂商对贸易中间品的需求函数及贸易品的价格指数：

$$Y_t(h)=\frac{1}{n}\left(\frac{p_t(h)}{P_{H,t}}\right)^{-\theta}Y_{H,t} \tag{6-34}$$

$$P_{H,t}=\left[\frac{1}{n}\int_0^n(p_t(h))^{1-\theta}\mathrm{d}h\right]^{\frac{1}{1-\theta}} \tag{6-35}$$

其中，参数 θ 表示本国异质贸易中间品的替代弹性；$p_t(h)$ 表示异质贸易中间品 h 的价格。

在得到本国贸易中间品的需求函数之后，对式(6-34)进行积分，则可以得到贸易中间品的总需求函数，其可以表示如下：

$$\int_0^n Y_t(h)\mathrm{d}h=Y_{H,t}\int_0^n\frac{1}{n}\left(\frac{p_t(h)}{P_{H,t}}\right)^{-\theta}\mathrm{d}h \tag{6-36}$$

结合式(6-32)和式(6-36)，则可以得到如下的表示式：

$$Y_{H,t}=Z_tK_t{}^{\eta}H_t{}^{1-\eta} \tag{6-37}$$

其中，$Z_t=1/\int_0^n\frac{1}{n}\left(\frac{p_t(h)}{P_{H,t}}\right)^{-\theta}\mathrm{d}h$，其可以称为价格离散指数。

另外，外国贸易品厂商处于完全竞争市场中，通过购买外国异质贸易中间品 $Y_t(f)$，然后将其组装成贸易品$Y_{F,t}$。$Y_{F,t}$由如下的 CES 函数表示：

$$Y_{F,t}=\left[\left(\frac{1}{1-n}\right)^{\frac{1}{\theta}}\int_n^1(Y_t(f))^{\frac{\theta-1}{\theta}}\mathrm{d}f\right]^{\frac{\theta}{\theta-1}} \tag{6-38}$$

根据利润最大化与完全竞争厂商利润为零的条件，可得到外国最终品厂商对贸易中间品的需求函数及贸易品的价格指数：

$$Y_t(f)=\frac{1}{1-n}\left(\frac{p_t^*(f)}{P_{F,t}^*}\right)^{-\theta}Y_{F,t} \tag{6-39}$$

$$P_{F,t}^*=\left[\frac{1}{1-n}\int_n^1(p_t^*(f))^{1-\theta}\mathrm{d}f\right]^{\frac{1}{1-\theta}} \tag{6-40}$$

其中，$p_t^*(f)$表示以外国货币计价的异质贸易中间品 f 的价格。在得到外国最终品厂商对贸易中间品的需求函数后，通过对式(6-39)进行积分，并结合式(6-32)，则可以得到如下的表达式：

$$Y_{F,t}=Z_t^*(K_t^*)^{\eta}(H_t^*)^{1-\eta} \tag{6-41}$$

其中，$Z_t^*=1/\int_1^n\frac{1}{1-n}\left(\frac{p_t(f)}{P_{F,t}^*}\right)^{-\theta}\mathrm{d}f$，其可以称为价格离散指数。

3. **最优定价**

本书参照 Obstfeld 等(2005)的处理方法，即本国的代表性厂商在进出口定价决策上均采用生产者货币定价。假设汇率具有完全传递性，这样本国和外国生产的贸易中间品价格在国内和国外均相同，即有 $p_t(h)=e_t p_t^*(h)$，$p_t(f)=e_t p_t^*(f)$。因此，对于本国和外国而言，本国和外国贸易品价格可以表示如下：

$$P_{H,t}=e_t P_{H,t}^*$$
$$P_{F,t}=e_t P_{F,t}^*$$

由于异质中间品厂商是垄断企业，其在价格设定上具有定价能力。假设中间品价格存在价格黏性，产品价格调整遵循 Calvo(1983)定价机制：每期有 $(1-\xi)$ 比例的中间品厂商能调整价格，不能调整价格的中间品厂商比例为 ξ。假设中间品厂商 h 可以调整价格时，考虑到现在至未来不能最优化其价格，它会选择最优调整价格 $\widetilde{p}_t(h)$ 来使现在到未来的预期利润折现和最大化，其期望利润的目标函数可以表示为

$$\max_{\widetilde{p}_t(h)} E_t\left[\sum_{i=0}^{\infty}(\xi\beta)^i \Lambda_{t+i}\left(\frac{\widetilde{p}_t(h)}{P_{t+i}}-\frac{\mathrm{MC}_{t+i}}{P_{t+i}}\right)Y_{t+i}(h)\right]$$

其中，$\Lambda_{t+i}=(C_{t+i}/C_t)^{-\sigma}$，表示对未来预期收益的贴现率。本国中间品厂商 h 在 t 期的需求函数为

$$Y_t(h)=\frac{1}{n}\left(\frac{p_t(h)}{P_{H,t}}\right)^{-\theta}Y_{H,t}$$

本国中间品厂商 h 在面临需求约束下，通过最大化上述期望利润的目标函数，可以得到 t 期的最优价格为

$$\widetilde{p}_t(h)=\frac{\theta}{\theta-1}\frac{E_t\left[\sum_{i=0}^{\infty}(\xi\beta)^i \Lambda_{t+i} Y_{H,t}\,\mathrm{MC}_{t+i} P_{H,t}^{\theta}\right]}{E_t\left[\sum_{i=0}^{\infty}(\xi\beta)^i \Lambda_{t+i} Y_{H,t} P_{H,t}^{\theta}\right]}$$

由于本国所有中间品厂商面临相同的边际成本，因此在 t 期能够调整价格的每个厂商都将选择相同的价格，这样如下的表达式成立：

$$\widetilde{p}_t=\widetilde{p}_t(h)=\frac{\theta}{\theta-1}\frac{E_t\left[\sum_{i=0}^{\infty}(\xi\beta)^i \Lambda_{t+i} Y_{H,t}\,\mathrm{MC}_{t+i} P_{H,t}^{\theta}\right]}{E_t\left[\sum_{i=0}^{\infty}(\xi\beta)^i \Lambda_{t+i} Y_{H,t} P_{H,t}^{\theta}\right]} \tag{6-42}$$

在 t 期，本国贸易品价格是能调价中间品厂商和不能调价中间品厂商价格的加权平均值。因此，本国贸易品价格可以表示为

$$P_{H,t}=\left[\xi(P_{H,t-1})^{1-\theta}+(1-\xi)(\widetilde{p}_t)^{1-\theta}\right]^{\frac{1}{1-\theta}} \tag{6-43}$$

另外，外国中间品厂商 f 面临类似本国中间品厂商 h 的需求曲线：

$$Y_t(f)=\frac{1}{1-n}\left(\frac{p_t^*(f)}{P_{F,t}^*}\right)^{-\theta}Y_{F,t}$$

外国中间品厂商 f 在面临需求约束下，通过最大化期望利润的目标函数，可以得到 t 期的最优价格为

$$\widetilde{p_t^*}(f)=\frac{\theta}{\theta-1}\frac{E_t\left[\sum_{i=0}^{\infty}(\xi\beta)^i\Lambda_{t+i}Y_{F,t}\,MC_{t+i}^*\,(P_{F,t}^*)^{\theta}\right]}{E_t\left[\sum_{i=0}^{\infty}(\xi\beta)^i\Lambda_{t+i}Y_{F,t}\,(P_{F,t}^*)^{\theta}\right]}$$

由于外国所有中间品厂商面临相同的边际成本，因此在 t 期能够调整价格的每个厂商都将选择相同的价格，这样如下的表达式成立：

$$\widetilde{p_t^*}=\widetilde{p_t^*}(f)=\frac{\theta}{\theta-1}\frac{E_t\left[\sum_{i=0}^{\infty}(\xi\beta)^i\Lambda_{t+i}Y_{F,t}\,MC_{t+i}^*\,(P_{F,t}^*)^{\theta}\right]}{E_t\left[\sum_{i=0}^{\infty}(\xi\beta)^i\Lambda_{t+i}Y_{F,t}\,(P_{F,t}^*)^{\theta}\right]}\tag{6-44}$$

在 t 期，外国贸易品价格是能调价中间品厂商和不能调价中间品厂商价格的加权平均值。因此，外国贸易品价格可以表示为

$$P_{F,t}^*=\left[\xi(P_{F,t-1}^*)^{1-\theta}+(1-\xi)(\widetilde{p_t^*})^{1-\theta}\right]^{\frac{1}{1-\theta}}\tag{6-45}$$

4. 利润

本国中间贸易品厂商 h 的利润可以表示为

$$\Pi_t(h)=p_t(h)y_t(h)-W_tH_t(h)-R_t^kK_t(h)$$

其中，上式右边第一项表示本国中间贸易品厂商 h 获得的收益，右边第二项表示中间贸易品厂商 h 向工人支付的工资，右边第三项表示中间贸易品厂商 h 支付的资本租金。

通过对上式两边进行积分，这样本国所有中间品厂商的利润为

$$\Pi_t=\int_0^n\Pi_t(h)\mathrm{d}h=P_{H,t}Y_{H,t}-W_tH_t-R_t^kK_t\tag{6-46}$$

将利润函数式(6－41)代入本国代表性家庭的预算约束，这样家庭预算约束可以进一步化简为

$$P_tC_t+e_tM_{F,t}+M_t+P_tI_t=P_{H,t}Y_{H,t}+M_{t-1}+e_tM_{F,t-1}-P_tT_t\tag{6-47}$$

类似地，外国所有中间品厂商的利润可以表示如下：

$$\Pi_t^*=P_{F,t}^*Y_{F,t}-W_t^*H_t^*-R_t^{k*}K_t^*\tag{6-48}$$

将利润函数式(6－43)代入外国代表性家庭的预算约束中，这样家庭预算约束可以进一步简化为

$$P_t^*C_t^*+M_{F,t}^*+P_t^*I_t^*=P_{F,t}^*Y_{F,t}+M_{F,t-1}^*-P_t^*T_t^*\tag{6-49}$$

6.1.4 国际收支平衡

本国的贸易余额等于本国的出口额减去进口额，其可以用如下的式子表示：

$$\mathrm{TB}_t = (1-n)P_{H,t}(C^*_{H,t} + I^*_{H,t} + G^*_{H,t}) - n e_t P^*_{F,t}(C_{F,t} + I_{F,t} + G_{F,t}) \tag{6-50}$$

其中，上式左边表示我国的贸易余额，上式右边第一项表示我国的出口额，上式右边第二项表示我国的进口额。相应地，外国的贸易余额可以用如下的式子表示：

$$\mathrm{TB}^*_t = n P^*_{F,t}(C_{F,t} + I_{F,t} + G_{F,t}) - (1-n)\frac{P_{H,t}}{e_t}(C^*_{H,t} + I^*_{H,t} + G^*_{H,t}) \tag{6-51}$$

本国的国际收支等于当期的贸易余额加上持有的国际储备货币，其可以表示如下：

$$e_t M_{F,t} = e_t M_{F,t-1} + \mathrm{TB}_t \tag{6-52}$$

其中，上式左边表示本国家庭部门持有的国际储备货币，上式右边第一项表示持有 $t-1$ 期至 t 期的国际储备货币，上式右边第二项表示我国的净出口。相应地，外国的国际收支可以表示如下：

$$-M_{F,t} = -M_{F,t-1} + \mathrm{TB}^*_t \tag{6-53}$$

本国的经常账户余额表示为我国持有的外国净资产的变化值，可以由如下的式子表示：

$$\mathrm{CA}_t = e_t(M_{F,t} - M_{F,t-1}) \tag{6-54}$$

类似地，外国的经常账户余额等于其持有的外国净资产的变化值，其可以表示如下：

$$\mathrm{CA}^*_t = M_{F,t-1} - M_{F,t} \tag{6-55}$$

本国政府部门的每期收入来自家庭部门的税收以及政府的铸币税收入，然后将其全部用于政府消费，其预算约束可以表示为

$$P_t G_t = P_t T_t + M_t - M_{t-1} \tag{6-56}$$

其中，G_t表示我国政府支出；T_t表示我国政府税收；$M_t - M_{t-1}$表示我国政府的铸币税收入。

相应地，外国政府部门的预算约束可以表示为：

$$P^*_t G^*_t = P^*_t T^*_t + M^*_t - M^*_{t-1} \tag{6-57}$$

其中，G^*_t 表示外国政府支出；T^*_t 表示外国政府税收；$M^*_t - M^*_{t-1}$是外国政府的铸币税收入。

本国的名义国内生产总值等于本国贸易最终品的总产值，可以由如下的公式表示：

$$P_t Y_t = P_{H,t} Y_{H,t} \tag{6-58}$$

相应地,外国的名义国内生产总值可以由下式表示:

$$P_t^* Y_t^* = P_{F,t}^* Y_{F,t} \tag{6-59}$$

6.1.5 国际储备

在现行的国际货币体系下,美国作为国际货币体系的主导国,其货币具有国际储备功能,因而,不仅美国家庭对其存在需求($M_{F,t}^*$),我国家庭也对美国货币存在需求($M_{F,t}$)。在美国货币市场结清时,美国政府发行的货币总量等于美国家庭和我国家庭对美国货币需求之和,即如下式子成立:

$$M_t^* = M_{F,t} + M_{F,t}^* \tag{6-60}$$

其中,M_t^* 是美国政府的货币总供给;$M_{F,t}$为我国对美元国际储备的需求;$M_{F,t}^*$是美国家庭对其本国货币的需求。

6.1.6 市场出清

我国中间品厂商对中间品的供给等于我国最终品厂商对中间品的需求,外国中间品厂商对中间品的供给等于外国最终品厂商对中间品的需求,这样两国中间品市场分别达到均衡。我国贸易品市场的出清要求我国贸易品的供给等于我国家庭单位消费、投资、政府购买及外国家庭单位消费、投资、政府购买的总和,外国贸易品市场的出清要求外国贸易品的供给等于外国家庭单位消费、投资、政府购买及我国家庭单位消费、投资、政府购买的总和;我国劳动市场的均衡要求我国中间品厂商的劳动需求等于家庭单位的劳动供给,外国劳动市场的均衡要求外国中间品厂商的劳动需求等于其家庭单位的劳动供给;我国资本市场的结清要求我国中间品厂商对资本的需求等于家庭单位的资本供给,外国资本市场的结清要求外国中间品厂商对资本的需求等于其家庭单位的资本供给;我国货币市场结清要求我国政府的货币供给等于我国家庭的货币需求,外国货币市场结清要求外国政府发行的货币总量等于我国家庭和外国家庭对外国货币需求之和。相关公式表示如下:

$$Y_{H,t} = n(C_{H,t} + I_{H,t} + G_{H,t}) + (1-n)(C_{H,t}^* + I_{H,t}^* + G_{H,t}^*) \tag{6-61}$$

$$Y_{F,t} = (1-n)(C_{F,t}^* + I_{F,t}^* + G_{F,t}^*) + n(C_{F,t} + I_{F,t} + G_{F,t}) \tag{6-62}$$

$$K_t = \int_0^n K_t(h)\mathrm{d}h \tag{6-63}$$

$$K_t^* = \int_n^1 K_t^*(f)\mathrm{d}f \tag{6-64}$$

$$H_t = \int_0^n H_t(h)\mathrm{d}h \tag{6-65}$$

$$H_t^* = \int_n^1 H_t^*(f)\mathrm{d}f \tag{6-66}$$

$$M_t^* = M_{F,t} + M_{F,t}^* \tag{6-67}$$

$$\mathrm{MS}_t = M_t \tag{6-68}$$

将上述最优化决策的一阶条件、预算约束以及市场结清条件进行综合，可以得到整个开放经济体系的行为方程。该方程体系共包含 39 个方程，加上 1 个外生冲击项的驱动，共同决定了 39 个内生变量的动态变化。本章模型的内生变量为 $\left\{\begin{array}{l} C_t, C_t^*, I_t, I_t^*, K_t, K_t^*, H_t, H_t^*, G_t, G_t^*, M_t, M_t^*, M_{F,t}, M_{F,t}^*, \\ Y_{H,t}, Y_{F,t}, Y_t, Y_t^*, \mathrm{MC}_t, \mathrm{MC}_t^*, R_t^k, R_t^{k*}, \mathrm{TB}_t, \mathrm{TB}_t^*, \mathrm{CA}_t, \mathrm{CA}_t^*, \\ \pi_t, \pi_t^*, \pi_{h,t}, \pi_{f,t}^*, w_t, w_t^*, p_{H,t}, p_{F,t}^*, \mathrm{rer}_t, \mathrm{gh}_t^1, \mathrm{gh}_t^2, \mathrm{gf}_t^1, \mathrm{gf}_t^2 \end{array}\right\}$，外生冲击项为 v_t^m。由于上述经济体系的行为方程为非线性方程体系，在进行模拟前，通常对上述非线性方程体系在稳态点进行对数线性化(具体见附录 C)。

6.2 模型校准

模型的参数校准包括以下几个方面：家庭部门效用函数的参数校准、生产部门生产函数的参数校准、生产部门名义价格黏性的参数校准以及各变量稳态值的参数校准。对模型的参数校准通常有两种方法：第一种是参考现有文献的设定，第二种是通过实际数据进行校准。因此，在下面的参数校准中，我们将本章模型的参数分为两类：一是 $\{\beta,\varepsilon,n,\sigma,R^*,\varphi,H,\delta,\pi,\alpha,\theta,\gamma,\eta,\xi\}$，这些参数的校准主要参考现有的经典文献；二是 $\left\{\frac{C}{Y},\frac{C^*}{Y^*},\frac{I}{Y},\frac{I^*}{Y^*},\frac{G}{Y},\frac{G^*}{Y^*},\frac{m^*}{Y^*},\frac{m}{Y}\right\}$，这些参数的校准主要采用中美两国相关方面的实际数据。

首先，校准家庭部门效用函数的参数值。根据经典的新开放宏观经济学文献和实际经济周期文献(Betts et al.，2000；Kollmann，2001；Chari et al.，2002)，设定世界无风险利率为 4%，这样对应的季度无风险利率 R^* 为 1.01，因此我国家庭单位的时间折现率 β 等于 $1/R^*$。对于货币余额需求的跨期替代弹性倒数 ε，与 Chari 等(2002)的设定一致，假设 ε 等于 0.5。对于消费跨期替代弹性倒数 σ，本章模型参照 Hall(1988)的做法，将消费跨期替代弹性倒数 σ 设定为 0.5。对于稳态劳动时间 H，Chari 等(2002)将其设定为 0.4。另外，对于资本折旧率 δ，主要文献将其设定为 0.06(王道平，2012；Benassy et al.，2013)。对于投资调整成本参数 φ，Christiano 等(2005)以及 Smets 等(2005)将其设定为 4；张伟进等(2014)运用贝叶斯估计方法，估计出城区投资调整成本与乡区投资调整成本参数分别为 4.59 和 3.91。综合上述文献的研究，我们将投资调整成本参数 φ 设定为 4。对于国家规模参数 n，依据中美两国的国内生产总值，将其设定为 0.33。

其次,对生产函数参数的校准。根据 Bai 等(2010)的研究,1996—2007 年我国资本收入占总产出的比重为 0.47,因此在模型中设定 η 为 0.47。另外,根据梅冬州等(2011)的研究发现,我国中间品厂商价格调整的平均周期为 4 个季度,则对应的我国中间品厂商的价格黏性 ξ 为 0.75。参考 Basu 等(1997)和 Benassy 等(2013)的研究,假设我国贸易中间品厂商的价格加成为 10%,这样可以得到我国贸易中间品的替代弹性 θ 为 10。在大部分 DSGE 文献中,跨国贸易品的替代弹性取值范围为 1 至 4 之间。在本书的研究中,我们设定本国贸易品与外国贸易品的替代弹性 γ 为 4。

综上,家庭部门效用函数和生产函数的参数如表 6-1 所示。

表 6-1　模型参数

参数描述	参数符号	中国	美国
资本收入份额	η	0.47	0.30
资本折旧率	δ	0.06	0.06
跨期折现因子	β	0.96	0.96
消费跨期替代弹性倒数	σ	0.5	0.5
投资调整成本参数	φ	4	4
本国与外国贸易品的替代弹性	γ	4	4
贸易中间品的替代弹性	θ	10	10
货币需求跨期替代弹性倒数	ϵ	0.5	0.5
中间品厂商的价格黏性	ξ	0.75	0.75

最后,关于各变量稳态值的校准,模型也依据上述两种方法来进行校准。与张伟进等(2013,2014)的设定一致,本章模型将我国消费与国内生产总值的比值 C/Y、狭义货币与国内生产总值的比例 M/Y 及政府支出占国内生产总值的比例分别设定为 0.48、0.58 和 0.14;对于美国的稳态消费产出比、投资产出比、政府支出产出比以及政府债务产出比,本章模型参考 Benassy 等(2013)的设定,分别将其设定为 0.71、0.17、0.12 和 0.60。依据 1997—2017 年我国央行外汇以及同期国内生产总值的数据,可以得到我国央行外汇占国内生产总值的比例 M^*/Y 为 0.42。其余各变量的稳态值均可由上述比值推导出来,例如,中美两国稳态储蓄产出比分别等于两国的投资产出比,即 S/Y 和 S^*/Y^* 分别等于 0.37 和 0.17。变量稳态值如表 6-2 所示。

表 6-2 变量稳态值

稳态值	中国	美国
消费产出比	0.48	0.71
投资产出比	0.37	0.17
政府支出产出比	0.14	0.12
货币余额产出比	0.58	0.45
外汇储备产出比	0.42	0
政府债务产出比	0.15	0.60
储蓄产出比	0.37	0.17

6.3 模拟分析

在本节中，本书将在本章构建的两国动态随机一般均衡模型基础上，分析在目前的国际货币体系下，由于人民币的非国际货币地位，我国对国际货币需求增加对我国经济内外部失衡造成的影响①。为了比较货币国际地位的不对称效应，本节还将对美国产生的影响进行分析。

在接下来的模拟分析中，考虑到人民币作为非国际储备货币，以及美元在国际货币体系中的主导型地位，中国出于促进经济增长、防范国际金融风险和保持人民币汇率稳定，以及满足日益增长的国际贸易和国际结算需要等目的，对国际储备的需求不断增长。在下面的分析中，本书主要考虑对美元国际储备需求增加 1 个标准差的正向冲击，将对中国消费、产出、储蓄、贸易余额和经常账户余额等宏观经济变量的影响，以及对美国经常账户余额等宏观经济变量的影响。值得注意的是，本节也探讨了国家规模对中美两国宏观经济指标的影响。我们重点考察了两种情形：情形 1 是中美两国规模相同，即 $n=0.5$；情形 2 是中美两国规模不同，美国规模是中国规模的两倍，即 $n=0.33$。

6.3.1 脉冲响应

图 6-1、图 6-2 和图 6-3 表示国际储备需求冲击的脉冲响应②。随着中国对美元国际储备需求增加，根据中国家庭部门对美元国际储备需求的最优化条件可以发现，中国家庭部门消费会出现下降。由中国家庭对本国货币需求的最优条件

① 本书对本国和外国贸易品替代弹性、贸易中间品替代弹性的参数稳健性进行了检验，由于稳健性检验结果与模拟分析一致，因此，本书并未报告参数稳健性检验结果。

② 由于篇幅限制，本书并未报告所有变量的脉冲响应，只选择列出中美核心变量的脉冲响应。

可知,随着中国家庭消费受到抑制,其对本国货币需求也出现下降。随着中国家庭消费受到抑制,中国家庭储蓄得以提升。随着中国家庭储蓄的上升,国内投资也出现增加,但是国内投资增速不及国内储蓄增幅,造成中国储蓄与投资之间出现缺口,迫使超额储蓄以净出口的形式出口到美国,导致中国净出口出现增长。另外,随着中国投资需求上升,造成中国家庭部门累积的资本存量增加,导致中国贸易品产出呈现扩张态势。此外,随着中国贸易品产出扩张,使得中国总需求也出现扩张,从而造成中国通胀率上升,并进一步导致中国总产出提高。随着中国净出口增加,中国出现贸易顺差,导致中国持有的美元国际储备增加。由于中国持有的美元国际储备上升,使得中国持有的外国净资产随之增加。由于经常账户等于持有的外国净资产的变化,因而中国经常账户出现盈余。

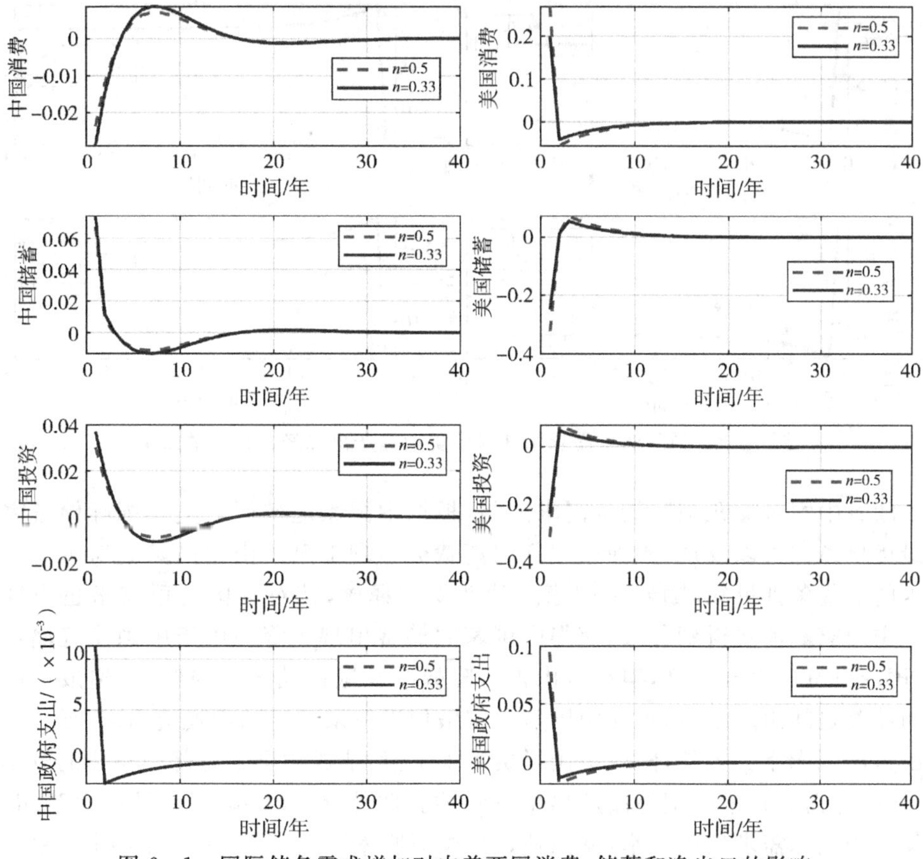

图 6-1　国际储备需求增加对中美两国消费、储蓄和净出口的影响

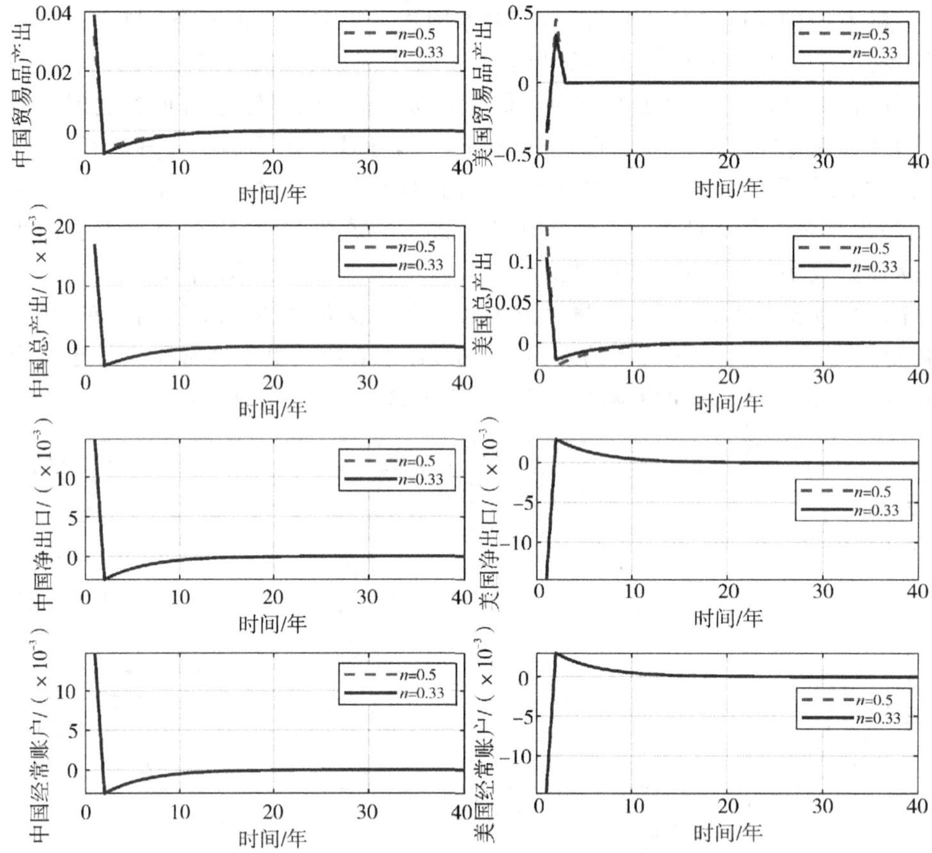

图 6-2　国际储备需求增加对中美两国产出和经常账户的影响

随着中国对美元国际储备需求减弱，根据中国家庭部门对美元国际储备需求的最优化条件可以发现，中国家庭部门消费会出现上升。由中国家庭对本国货币需求的最优条件可知，随着中国家庭消费受到释放，其对本国货币需求也出现提高。中国家庭消费得到释放，使得中国家庭储蓄出现下降。由于中国家庭储蓄减少，国内投资也出现下降，但是国内投资降幅不及国内储蓄下降幅度，造成中国投资与储蓄之间出现缺口，迫使中国从美国增加进口来满足超额投资需求，导致中国净出口出现赤字。另外，随着中国投资需求下滑，造成中国家庭部门累积的资本存量下降，进而导致中国贸易品产出出现收缩。此外，随着中国贸易品产出萎缩，因而使得中国总需求出现收窄，从而造成中国通胀率下降，并进一步导致中国总产出收缩。随着中国净出口下降，中国出现贸易逆差，导致中国持有的美元国际储备减少。中国持有的美元国际储备下降，使得中国持有的外国净资产随之减少。由于经常账户等于持有的外国净资产的变化，因而中国经常账户出现赤字。

对于美国而言，随着中国对美元国际储备需求增加，中国实际持有的美元国际

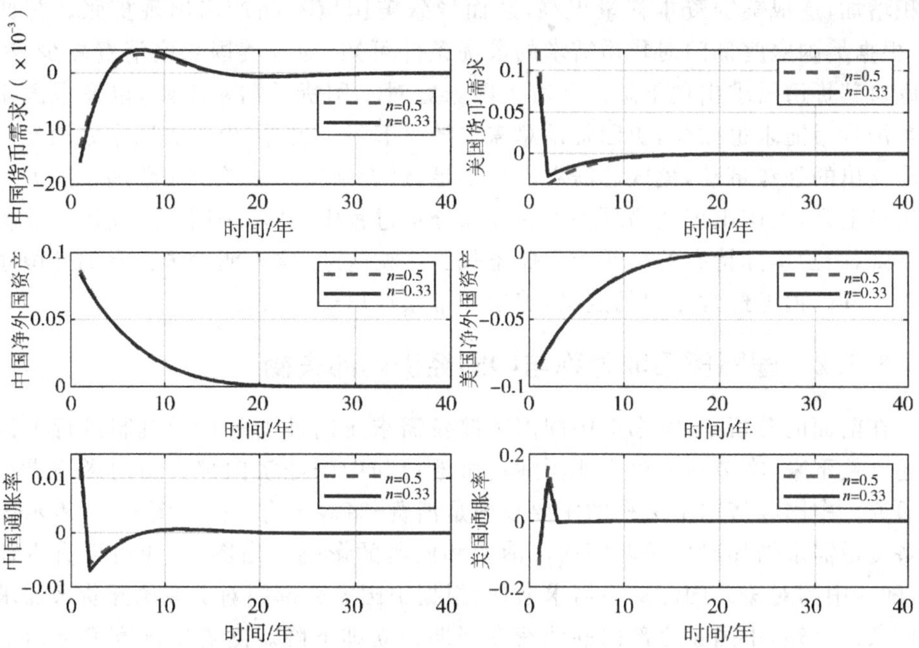

图 6－3　国际储备需求增加对中美两国货币需求、外国净资产及通胀的影响

储备上升。随着中国持有的美元国际储备增加，美国家庭消费需求旺盛，造成美国国内储蓄出现低迷。随着美国国内储蓄低迷，其投资需求也出现下滑，进而造成美国储蓄和投资之间出现缺口，迫使美国通过增加进口以满足其投资需求，致使美国净出口出现赤字。美国投资需求下降，使得美国家庭部门资本累积减少，造成美国资本存量下降，从而导致美国贸易品产出出现萎缩。与此同时，根据美国家庭部门对货币需求的最优条件可知，随着美国家庭消费增加，美国家庭对其货币需求出现上升。美国家庭对本国货币需求增加，以及中国家庭对美国货币需求也增加，导致美国货币总需求随之增加。另外，由于美国家庭消费以及政府支出的强势带动，美国总需求出现增长，进而导致美国总产出扩张。随着美国净出口下降，美国出现贸易逆差。在前面分析过程中，随着中国对美元国际储备需求增加，中国实际持有的美元国际储备上升。相应地，这表明美国持有的外国净资产在下降。根据经常账户的定义，美国经常账户出现赤字。

接下来，随着中国对美元国际储备需求变弱，中国实际持有的美元国际储备下降。随着中国持有的美元国际储备下降，美国家庭消费出现萎缩，进而导致美国储蓄得以提升。随着美国储蓄提升，其投资需求也出现增加，但是投资需求增幅不及储蓄，导致美国储蓄与投资之间出现缺口，迫使美国将超额储蓄以净出口的形式出口到中国，导致美国净出口出现顺差。由于美国投资需求上升，美国家庭部门资本累积增加,造成美国资本存量提高,从而导致美国贸易品产出出现扩张。与此同时,根据美国家庭部门对货币需求的最优条件可知,随着美国家庭消费减少,美国家庭对其货币需求出现下降。随着美国家庭对本国货币需求下降,以及中国家庭对美国货币需求也减少,美国货币总需求随之下降。另外,由于美国家庭消费以及政府支出的强势带动,美国总需求出现不足,进而导致美国总产出萎缩。随着美国净出口上升,美国出现贸易顺差。在前面分析过程中,随着中国对美元国际储备需求下降,中国实际持有的美元国际储备减少。相应地,这表明美国持有的外国净资产在上升。根据经常账户的定义,美国经常账户出现盈余。

6.3.2 国际货币非对称与中国经济内部失衡

在前面的分析中,本书对中国国际储备需求正向冲击的传导机制进行了详细描述。接下来,本节对人民币非国际货币地位与中国经济内部失衡的影响进行具体研究。中国经济内部失衡的主要表现是消费-储蓄结构失衡。图 6 - 4 表示国际储备货币需求增加对中美两国居民消费和储蓄的影响。由图 6 - 4 可以直观地看到,随着中国对美元国际储备需求增加,根据中国家庭部门对美元国际货币需求的最优条件可知,中国家庭部门的消费在当期会立即下降。随着中国家庭部门消费需求下降,由家庭部门对本国货币需求的最优条件可知,中国家庭部门对本国货币的需求也出现下降。同时,随着中国对国际储备需求增加,中国投资出现扩张,带动中国家庭部门资本累积上升。由于中国资本存量提高,进而导致中国贸易品产出扩张。与此同时,随着中国贸易品产出提高,中国出口到美国的贸易品增加,使得中国净出口出现顺差,进而导致中国持有的美元国际储备上升。由于中国家庭储蓄由本国货币变化、美元国际储备变化以及中国投资三部分组成,并且中国持有的美元国际储备和中国投资增幅超过中国货币需求的下降,致使中国储蓄得以提升。因此,随着中国对国际储备需求增加,中国经济内部失衡在当期扩大。

随着中国对美元国际储备需求减弱,根据中国家庭部门对国际储备需求的最优条件可知,中国家庭部门消费出现增加。由于中国家庭消费上升,根据中国家庭对本国货币需求的最优条件可以看到,中国家庭对本国货币需求会增加。与此同时,随着中国对美元国际储备需求减弱,中国投资出现下滑,造成中国家庭资本累积下降。中国资本存量减少,导致中国贸易品出现减产。此外,随着中国贸易品产出下降,中国出口到美国的贸易品减少,使得中国净出口出现逆差,进而导致中国持有的美元国际储备下降。由于中国家庭储蓄由本国货币变化、美元国际储备变化以及中国投资三部分组成,并且中国持有的美元国际储备和中国投资的下降超过中国货币需求的上升,致使中国储蓄下降。因此,随着中国对国际储备需求减弱,中国经济内部失衡出现缓解。

对于美国而言,随着中国对美元国际储备需求增加,美国家庭消费在当期立即

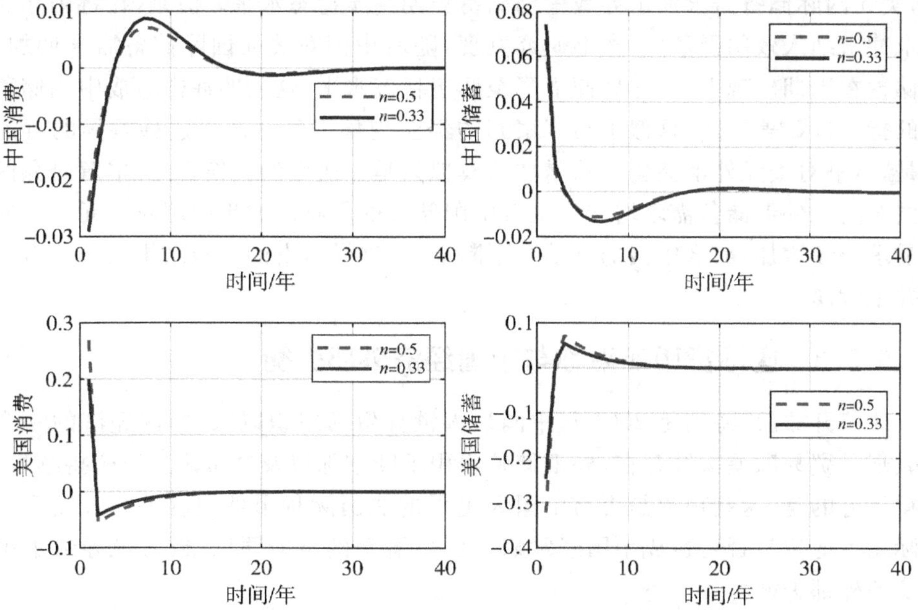

图 6-4　国际储备需求增加对中美两国消费和储蓄的影响

上升。随着美国家庭部门消费需求增加，由美国家庭对其货币需求的最优条件可知，美国家庭部门对其本国货币的需求也出现上升。同时，随着中国对国际储备需求增加，美国投资出现萎缩，带动美国家庭部门资本累积下降。美国资本存量减少，进而导致美国贸易品产出减产。与此同时，随着美国贸易品产出下降，美国出口到中国的贸易品随之下降，使得美国净出口出现逆差。由于美国家庭储蓄由美国家庭持有的货币变化和美国投资组成，并且美国持有的本国货币增幅不及美国投资需求下降，致使美国储蓄也呈现下滑。因此，随着中国对国际储备需求增加，美国经济内部失衡在当期扩大。

紧接着，随着中国对美元国际储备需求逐渐减弱，美国家庭消费出现下降。随着美国家庭部门消费需求减少，由美国家庭对其货币需求的最优条件可知，美国家庭部门对其本国货币的需求也出现下降。此外，随着中国对国际储备需求减弱，美国投资需求呈现扩张，进一步带动美国家庭部门资本累积增加。美国资本存量上升，进而导致美国贸易品产出扩张。与此同时，由于美国贸易品产出扩张，美国出口到中国的贸易品随之增加，使得美国净出口出现顺差。美国家庭储蓄由美国家庭持有的货币变化和美国投资组成，并且美国持有的本国货币降幅不及美国投资需求增幅，致使美国储蓄也增加。因此，随着中国对国际储备需求增加，美国经济内部失衡逐渐缓解。

上述模拟结果与王道平(2012)的研究结论基本一致。在王道平(2012)的研究中，美元国际储备需求冲击导致中国储蓄长期高于稳态水平。但是，在将国际储备需求冲击纳入效用函数后，本书研究发现，随着中国对美元国际储备需求增加，中国储蓄在当期出现上升，随后便下降至低于稳态水平，这表明冲击造成中国储蓄增加的持续性显著下降，这似乎与观察到的经验现象不符。产生这种差异的可能原因是，本书对美元外汇储备需求增加的模拟只是一次性的。换言之，本章研究的是中国对美元外汇储备需求增加一次对中国储蓄的影响。如果中国对美元外汇储备的需求持续增加，那么中国的储蓄会不断上升，这样本书的模拟结果与经验事实可能并不背离。

6.3.3 国际货币非对称与中国经济外部失衡

改革开放后，特别是 2001 年中国加入世界贸易组织以来，中国经济的一个突出表现是贸易顺差持续存在、外汇储备累积不断增加以及经常账户盈余持续攀升。值得思考的是，这些现象是否与中国人民币的非国际货币地位有关？人民币的非国际储备地位是否是造成中国经常账户巨额盈余的可能原因，或者说导致了中国经济的外部失衡？

图 6－5 展示了中国国际储备需求正向冲击对中美两国经济外部失衡的影响。由图 6－5 可以清楚地看到，随着中国发生国际储备需求正向冲击，中国家庭部门消费受到抑制，而中国家庭储蓄增加。随着中国家庭储蓄上升，中国国内投资也随

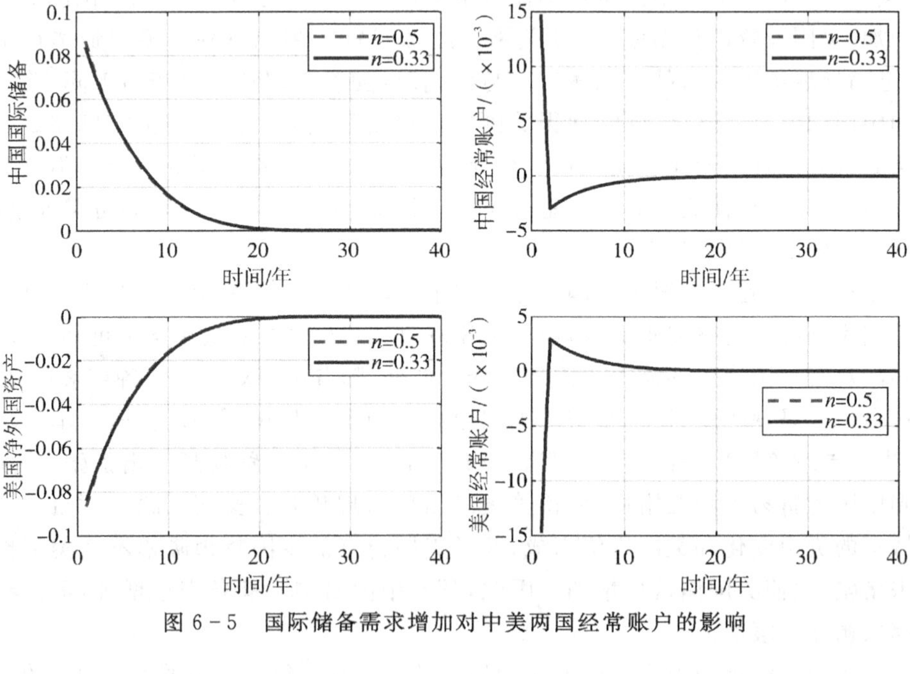

图 6－5 国际储备需求增加对中美两国经常账户的影响

之增加。中国投资需求上升，带动中国家庭资本累积也随之增加，导致中国资本存量提高。随着中国资本存量增加，中国贸易品产出呈现扩张。与此同时，随着中国贸易品产出提高，中国出口到美国的贸易品增加，使得中国净出口出现顺差，进而导致中国持有的美元国际储备上升。由于一国经常账户等于其持有的外国净资产的变化，随着中国持有的美元外汇储备增加，中国经常账户出现盈余，进而导致中国经济外部出现失衡。

同时，随着中国对美元国际储备需求逐渐减弱，中国家庭消费得到释放，而中国储蓄相应出现下降。随着中国家庭储蓄下滑，中国国内投资需求也相应减少，造成中国家庭部门累积的资本存量出现下降。随着中国资本存量下降，中国贸易品产出出现减产，使得中国出口至美国的贸易品出现下降，致使中国净出口出现逆差，进而导致中国持有的美元国际储备减少。随着中国持有的美国净资产出现下滑，中国经常账户出现赤字。

对于美国来说，随着中国对美元国际储备需求增加，中国实际持有的美元国际储备上升。随着中国持有的美元国际储备增加，美国家庭消费需求旺盛，造成美国国内储蓄低迷。随着美国国内储蓄低迷，其投资需求也出现下滑，使得美国家庭部门资本累积减少，造成美国资本存量下降，从而导致美国贸易品产出出现萎缩。与此同时，随着美国贸易品产出下滑，其出口到中国的贸易品也随之减少，进而造成美国净出口下降。随着美国净出口下降，美国出现贸易逆差。在前面分析过程中，随着中国对美元国际储备需求增加，中国实际持有的美元国际储备上升。相应地，这表明美国持有的外国净资产在下降。根据经常账户的定义，美国经常账户出现赤字，导致美国经济外部出现失衡。

接下来，随着中国对美元国际储备需求变弱，中国实际持有的美元国际储备下滑。随着中国持有的美元国际储备下降，美国家庭消费出现萎缩，进而导致美国储蓄得以提高。随着美国储蓄提高，其投资需求也出现增加，使得美国家庭部门资本累积提升，造成美国资本存量攀升，从而导致美国贸易品产出出现扩张。与此同时，随着美国贸易品产出提高，其出口到中国的贸易品也随之增加，进而造成美国净出口增加。随着美国净出口增加，美国出现贸易顺差。在前面分析过程中，随着中国对美元国际储备需求下降，中国实际持有的美元国际储备减少。相应地，这表明美国持有的外国净资产在增加。根据经常账户的定义，美国经常账户出现盈余。

上述模拟结果与王道平(2012)的研究结论基本一致。在王道平(2012)的研究中，美元国际储备需求冲击导致中国经常账户长期高于稳态水平。但是，在将国际储备需求冲击纳入效用函数后，本书研究发现，随着中国对美元国际储备需求增加，中国经常账户在当期出现盈余，随后便下降至低于稳态水平，这表明冲击造成中国经常账户盈余的持续性显著下降，上述模拟结果与观察到的典型事实不符。产生这种差异的可能原因是，本书对美元外汇储备需求增加的模拟只是一次性的。

换言之，本章研究的是中国对美元外汇储备增加一次对中美两国经常账户的影响。如果中国对美元外汇储备的需求持续增加，那么我国的经常账户会持续出现盈余，美国经常账户会持续出现赤字，这样本书的模拟结果与经验事实可能并不背离。

6.4 本章小结

本章模型在 Obstfeld 等(1995)、Bergin(2003)以及王道平(2012)研究的基础上，构建了一个货币地位不对称的两国开放经济、动态随机一般均衡模型。该模型结合中美两国的实际数据，模拟了在目前的国际货币体系下，由于人民币为非国际储备货币，中国对美元外汇储备需求增加对我国居民消费、产出、贸易余额和经常账户余额等产生的影响。同时，为了比较国际货币非对称的影响，本章也考察了对美国经济内部失衡和外部失衡造成的影响。通过对模型进行模拟，本章得出以下主要结论：

第一，对中国而言，随着中国对美元国际储备需求增加，中国家庭消费受到抑制，而中国储蓄得到提高，导致中国经济内部出现失衡。因为在现行国际货币体系下，随着中国对国际储备需求增加，中国家庭部门的消费需求会随之下降。国际储备需求冲击也造成中国净出口增加并出现贸易顺差，中国家庭部门持有的国际储备货币也会随净出口增加而增加。由于中国家庭部门储蓄包括国际储备货币，中国家庭部门储蓄会随国际储备货币的增加而增加。因此，随着中国对国际储备需求的增加，中国经济内部出现失衡。

第二，对于美国而言，随着中国国际储备需求正向冲击发生，美国家庭消费受到抑制，而美国储蓄得到促进，导致美国经济内部出现失衡。中国对国际储备需求增加，导致对美国的货币需求上升。随着中国持有的国际储备货币增加，美国对中国的净债务出现扩张，这样致使美国持有的外国净资产相应出现下降。另外，美国家庭部门对其货币需求出现下降，导致美国家庭的消费需求出现下滑。与此同时，由于美国家庭部门的储蓄由持有的美国货币存量变化和投资构成，美国家庭投资需求上升也带动储蓄随之增加。因此，随着中国对国际储备需求上升，美国经济内部出现失衡。

第三，对于中国而言，随着中国对美元国际储备需求增加，中国经济外部出现失衡，经常账户出现盈余，且盈余的持续性明显下降。因为在现行国际货币体系下，随着中国对美元国际储备需求增加，中国家庭消费受到抑制，而中国家庭储蓄得到提高。中国国内储蓄上升的同时，投资也出现增加，但是投资上升未能全部消化国内储蓄，使得中国储蓄-投资缺口只能以净出口的形式出口到美国，导致中国出现贸易顺差和经常账户盈余。中国出现贸易顺差以及经常账户盈余，导致中国实际的美元国际储备增加。因此，随着中国对国际储备需求增加，中国经济外部出现失衡,而且经常账户盈余的持续性明显下降。

第四,对于美国来说,随着中国对美元国际储备需求增加,美国经常账户出现赤字,且赤字的持续性显著下降,导致美国经济外部失衡。因为在现行国际货币体系下,随着中国对美元国际储备需求增加,中国家庭部门拥有的国际储备出现跃升。由于中国持有的国际储备对应于美国拥有的债务,因此,美国拥有的债务随着中国持有的国际储备攀升而上升,这样美国拥有的外国净资产随之出现下降。随着美国家庭持有的外国净资产出现下降,美国的经常账户也随之下降并出现赤字。因此,随着中国对国际储备需求增加,美国经济外部失衡出现扩大。

第 7 章

结论与展望

7.1　研究结论

中国加入世界贸易组织以来，随着中国深度融入全球价值链和国际分工体系，中国对外贸易迅猛攀升。在此过程中，中国贸易顺差屡创新高和不断抬升。与中国正好相反的是，美国出现巨大的贸易逆差，并持续不断扩大。2008年金融危机爆发后，中国的贸易顺差和美国的贸易赤字出现一定程度的下降，但中美双方贸易失衡的问题并未得到根本解决。因此，对中国巨额贸易顺差以及经常账户盈余的成因进行研究，并提出缓解中美经常账户失衡的相关政策建议，具有非常重要的现实意义。

本书从金融发展差异和国际货币非对称两个视角研究了经常账户失衡的问题。首先，构建金融发展差异与经常账户失衡的小国模型，分析了金融发展差异对中国经常账户失衡的影响。其次，构建金融发展差异与经常账户失衡的两国模型，分析了金融发展差异对中美两国经常账户失衡的影响。再次，在小型开放经济模型的框架下，分析了国际货币非对称对中国经常账户失衡的影响。最后，构建国际货币非对称与经常账户失衡的两国模型，分析了国际货币非对称对中美两国经常账户失衡的影响。针对上述核心问题，本书得到如下主要结论：

(1)模拟结果表明，金融发展差异对经常账户失衡的影响依赖于经济体的初始状态。第一，在小国模型中，如果转型初期中国尚未处于自给自足稳态，随着中国开放资本账户，中国经常账户出现赤字。随着金融一体化持续进行，中国经常账户变为盈余，但是经常账户的比重不断下降。如果转型初期中国处于自给自足稳态，随着中国资本账户开放，中国经常账户出现盈余。随着金融一体化持续，中国经常账户仍然保持盈余，但是经常账户的比重不断下降。第二，在两国模型中，如果转型初期中国尚未处于自给自足稳态，随着中国资本账户开放，中国经常账户出现赤字，美国经常账户出现盈余。随着金融一体化持续推进，中国经常账户出现盈余，但是盈余比重逐渐下滑。而美国经常账户出现赤字，但赤字比重持续下降。如果转型初期中国处于自给自足稳态，随着中国开放资本账户，中国经常账户出现盈余，美国经常账户出现赤字。随着金融一体化持续推进，中国经常账户仍然保持盈余，美国经常账户仍然出现赤字。

(2)本书在动态随机一般均衡的框架下，分析了金融一体化对福利效应的影响。模拟结果表明：第一，在小国模型中，如果转型初期中国处于自给自足稳态，金融一体化在初期和稳态将分别对中国福利产生负面影响和正面影响，中国福利水平分别会下降2.1％和上升2.5％。如果转型初期中国处于非自给自足稳态，金融一体化在初期和稳态都将对中国福利产生积极作用，中国福利水平分别会上升8.7％和1.0％。第二，在两国模型中，如果转型初期中国处于自给自足稳态，金融一体化在初期和稳态将分别对中国福利产生负面作用和积极作用，中国福利水平分别会下降 5.74％和上升 3.22％。此外，金融一体化在初期和稳态将对美国福利产生消极作用，美国福利水平分别会下降 2.84％和 2.95％。如果转型初期中国处于非自给自足稳态，金融一体化在初期和稳态将对中国福利产生正面影响，而对美国福利效应产生负面影响；中国福利效应分别会上升 3.72％和 13.58％，而美国福利效应分别会下降 2.84％和 3.67％。

(3)模拟结果表明，国际货币需求冲击会导致中国经常账户盈余的持续性显著下降。第一，在小国模型中，随着中国对国际储备需求增加，中国家庭消费受到抑制，而中国家庭储蓄得到促进，导致中国经济内部失衡。此外，当中国受到国际储备需求正向冲击时，中国经常账户出现盈余，而且中国经常账户盈余的持续性显著下降。第二，在两国模型中，随着中国受到国际储备需求正向冲击，中国家庭消费受到抑制，而中国家庭储蓄得到提升，导致中国经济内部失衡。而美国家庭消费得到提升，美国家庭储蓄受到抑制，进而使得美国经济内部失衡。此外，当中国受到国际储备需求正向冲击时，中国经常账户出现盈余，美国经常账户出现赤字，并且中、美两国经常账户盈余(赤字)的持续性显著下降。

7.2 政策建议

本书在动态随机一般均衡的框架下，通过金融发展差异和国际货币非对称两个视角，对中国经常账户失衡进行了深入研究。根据本书的研究结论，对于如何缓解中美经常账户失衡，本书提出了如下的政策建议：

(1)针对金融发展水平较低，导致经常账户出现失衡的问题，需要从以下两方面着手：第一，深化我国金融体制改革，促进金融市场快速发展，增强金融服务实体经济高质量发展的能力，切实为实体经济资金融通、降低成本提供助益，从而提升储蓄向投资的转化效率。同时，加快利率市场化改革进程，提高金融市场配置资金的效率，将资金配置到更有竞争力的企业，满足企业的投资需求，降低储蓄与投资之间的缺口，缓解我国经常账户庞大盈余问题。第二，加快金融业全方位、高水平对外开放进程。尤其在当前贸易摩擦升级的背景下，要提升金融对外开放程度，吸引国外优秀金融机构，增强国内金融行业的危机意识，提高我国金融业的竞争程度，促进金融市场活力不断提高，消除储蓄向投资的转化障碍，从而缓解我国经常账户失衡问题。

(2)在本书的框架下，现行国际货币体系会导致中国经常账户出现盈余，美国经常账户出现赤字，进而造成中美经常账户失衡。因而，要缓解现行国际货币体系对我国经常账户巨额盈余的影响，具体可以从以下方面进行努力：第一，加速推进国际货币体系改革，构建多元化国际货币制度。在现行国际货币体系下，美元仍然居于主导地位，全球央行国际储备仍以美元为主。因此，应构建多元化国际储备货币制度，积极发挥欧元、英镑和人民币等国际货币功能，打破美元的垄断地位，从而缓解中美经常账户失衡问题。第二，稳步推进人民币国际化进程，提升人民币国际认可度。在现行的国际货币体系下，由于人民币非国际储备货币，中国在国际贸易、国际结算和国际储备货币中难免对美元外汇储备存在巨大需求。因此，应推动东南亚国家联盟和“一带一路”沿线国家的人民币结算和清算平台建设，加快人民币国际化进程，提升国际市场对人民币的认可度，扩大人民币在国际贸易、国际结算和国际储备中的份额，逐步降低对美元的依赖，进而缓解我国经常账户庞大盈余问题。

(3)本书模拟结果表明，中国对美元国际储备需求增加会导致中国家庭消费下降、储蓄上升，而美国家庭消费增加、储蓄下降，进而导致中美经常账户失衡。长期来看，中美两国对各自经济结构进行调整，也是保持经济可持续发展的途径。具体来看，可以从以下几方面进行努力：第一，完善社会保障系统，提高社会大众的消费意愿。建立健全完善的医疗保险体系，解决广大民众看病难、看病贵的问题；进一步扩大养老保障体系的覆盖面，为退休职工的生活提供基本保障；切实减轻家庭的教育负担，改善优质教育资源分布不均衡等问题。通过建立健全完善的社会保障体系，提高家庭的消费意愿，进而降低家庭的预防性储蓄。第二，调整经济结构，转变经济增长方式。在贸易摩擦背景下，原来依靠外需驱动的经济增长方式难以为继，经济增长方式要由外需驱动转变为依靠内需驱动，逐步降低对外部市场的依赖，减轻我国受外部冲击的影响，缩小储蓄与投资之间的缺口，进而缓解经常账户失衡问题。

7.3 研究展望

本书从金融发展差异和国际货币非对称两个视角，研究了对经常账户失衡产生的影响。在研究过程中，虽然理论模型建立在较为严格的假设基础上，但是，本书的研究还存在一些不足和需要完善之处。对此，本书提出了以下几个值得进一步研究的方向：

首先，本书在小国和两国模型的框架下，重点研究了金融发展差异对经常账户失衡的影响。在研究过程中，与动态随机一般均衡分析的现有文献相同，本书在动态随机一般均衡的框架下进行理论构建和模拟分析，探讨金融发展差异对经常账户失衡的影响。本书尚未对金融发展差异对经常账户失衡的影响进行实证检验，若在数据样本可获得的条件下，对金融发展差异对经常账户失衡的影响进行实证分析，有助于深化对经常账户失衡的认识。

其次，本书在小国和两国模型的框架下，深入分析了国际货币非对称对经常账户失衡的影响。在模型设定中，假设本国对外国货币存在需求，换言之，在本国效用函数中不但有本国货币，也有外国货币。而外国对本国货币不存在需求，这样外国效用函数中只有外国货币，没有本国货币。因此，国际货币是非对称的。在未来的研究中，若能考虑不同的进出口定价方式作为国际货币非对称的来源，例如，从外国进口到本国的商品用外国货币定价，可以进一步拓宽本书的研究维度。

最后，在国际货币非对称对经常账户失衡的影响研究中，本书在分析过程中假设汇率完全传导，换言之，一价定律成立。在未来的研究中，可以考虑在模型中假设汇率不完全传导，进而分析国际货币非对称对经常账户失衡的影响。同时，比较在汇率完全传导和汇率不完全传导两种情形下，国际货币非对称对经常账户失衡的影响程度，也许会得到更加丰富的研究结论。

附　录

附录　A

家庭的消费-储蓄最优化问题可以简化为

$$V(\omega;t)=\max_{c,b',k'}\{U(c)+\beta E_t V(\omega';t+1)\} \quad (A-1)$$

s. t.

$$c+b'+k'=\omega \quad (A-2)$$

$$\omega'=r(a',\Omega_{t+1})k'+Rb'+\Omega_{t+1} \quad (A-3)$$

通过提出并验证下列解，我们可以得出方程(3－6)至方程(3－8)中的解：

$$V(\omega;t)=U(\lambda_t(\omega_t+h_t)) \quad (A-4)$$

$$c(\omega;t)=(1-\psi_{t+1})(\omega_t+h_t) \quad (A-5)$$

$$k_{t+1}=\psi_{t+1}\varphi_{t+1}(\omega_t+h_t) \quad (A-6)$$

$$b_{t+1}=\psi_{t+1}(1-\varphi_{t+1})(\omega_t+h_t)-h_t \quad (A-7)$$

其中，将式(A－5)和式(A－6)代入预算约束(A－2)中，可得到式(A－7)。为简便起见，将 $r(a_{t+1},\Omega_{t+1})=r_{t+1}$ 。

资本和债券的一阶条件可以表示为

$$c_t^{-\gamma}=\beta\lambda_{t+1}^{1-\gamma}E_t[r_{t+1}(\omega_{t+1}+h_{t+1})^{-\gamma}] \quad (A-8)$$

$$c_t^{-\gamma}=\beta\lambda_{t+1}^{1-\gamma}E_t[R(\omega_{t+1}+h_{t+1})^{-\gamma}] \quad (A-9)$$

合并上述表达式(A－8)和(A－9)，并从预算约束中替换 $(\omega_{t+1}+h_{t+1})$ ，则可以得到 $\varphi_{t+1}=\varphi(\Omega_{t+1})$ ：

$$E_t[(r_{t+1}-R)((r_{t+1}-R)\varphi_{t+1}+R)^{-\gamma}]=0 \quad (A-10)$$

由包络条件 $V'(\omega;t)=U'(c)$ ，可得如下表达式：

$$\lambda_t^{1-\gamma}=(1-\psi_t)^{-\gamma} \quad (A-11)$$

此外，将上述一阶条件进行加总，分别前乘 φ_{t+1} 和 $(1-\varphi_{t+1})$ ，这样可以得到系数 ψ_t 的递归结构式：

$$(1-\psi_t)^{-1}=1+\beta^{1/\gamma}\rho_t^{1/\gamma-1}(1-\psi_{t+1})^{-1} \quad (A-12)$$

其中，$\rho_t=E_t[((r_{t+1}-R)\varphi_{t+1}+R)]$ 。

最后，通过应用 Campbell 等(2002)研究中对数投资组合回报的推导，φ_t 和 ρ_t 可以近似为 $\ln\rho_t$ 在 $\sigma_t=0$ 附近的二阶泰勒展开式：

$$\ln\rho_t \approx \varphi_t E_t(\ln r_{t+1}) + (1-\varphi_t)\ln R + \frac{1}{2}\varphi_t(1-\varphi_t)\sigma_{t+1}^2 + \frac{1-\theta}{2}\varphi_t^2\sigma_{t+1}^2 \tag{A-13}$$

其中，$\bar{r}_{it+1}=r_{t+1}$ 。

由于 $E_t(\ln r_{t+1})=\ln E_t(r_{t+1})-\frac{1}{2}\sigma_{t+1}^2$ ，这样可以得到如下的表达式：

$$\varphi_t \approx \frac{\ln \bar{r}_{t+1}-\ln R}{\gamma\sigma_{t+1}^2} \tag{A-14}$$

$$\rho_t \approx R\exp\left(\frac{(\ln \bar{r}_{t+1}-\ln R)^2}{\gamma\sigma_{t+1}^2}\right) \tag{A-15}$$

附录　B

$$\hat{K}_{t+1} = (1-\delta)\hat{K}_t + \delta\hat{I}_t \tag{B-1}$$

$$\varepsilon(1-\beta)\hat{m}_t = \sigma\hat{C}_t - \frac{\beta}{\pi}(\hat{\pi}_{t+1} - \sigma\hat{C}_{t+1}) \tag{B-2}$$

$$(1-\beta)(v_t^m - \varepsilon\hat{m}_t^*) = -\sigma\hat{C}_t - \beta(-\sigma\hat{C}_{t+1} - \hat{\pi}_{t+1}) \tag{B-3}$$

$$\hat{w}_t - \sigma\hat{C}_t = \frac{H}{1-H}\hat{H}_t \tag{B-4}$$

$$\sigma\hat{C}_t + \varphi(\hat{K}_{t+1} - \hat{K}_t) = [1-\beta(1-\delta)]\hat{R}_{t+1}^k + \beta\varphi(\hat{K}_{t+2} - \hat{K}_{t+1}) + \sigma\hat{C}_{t+1} \tag{B-5}$$

$$\sigma\hat{C}_t = \sigma\hat{C}_{t+1} + \hat{\pi}_{t+1} \tag{B-6}$$

$$\alpha\hat{p}_{H,t} + (1-\alpha)\widehat{\text{rer}}_t = 0 \tag{B-7}$$

$$\frac{\hat{g}_t^1}{1-\xi\beta} = -\sigma\hat{C}_t + \hat{Y}_{H,t} + \theta\hat{p}_{H,t} - \theta\hat{\pi}_t^* + \frac{\xi\beta}{1-\xi\beta}\hat{g}_{t+1}^1 \tag{B-8}$$

$$\frac{\hat{g}_t^2}{1-\xi\beta} = -\sigma\hat{C}_t + \hat{Y}_{H,t} + \theta\hat{p}_{H,t} + \widehat{\text{mc}}_t - (\theta+1)\hat{\pi}_t^* + \frac{\xi\beta}{1-\xi\beta}\hat{g}_{t+1}^2 \tag{B-9}$$

$$\hat{g}_t^1 = \hat{g}_t^2 \tag{B-10}$$

$$\hat{p}_{H,t} = \xi(\hat{p}_{H,t-1} - \hat{\pi}_t) + (1-\xi)\hat{\pi}_t^* \tag{B-11}$$

$$\widehat{\text{mc}}_t = \eta\hat{R}_t^k + (1-\eta)\hat{w}_t \tag{B-12}$$

$$\hat{K}_t - \hat{H}_t = \hat{w}_t - \hat{R}_t^k \tag{B-13}$$

$$\hat{Y}_{H,t} = \eta\hat{K}_t + (1-\eta)\hat{H}_t \tag{B-14}$$

$$\frac{\text{tb}}{\text{Y}}\widehat{\text{tb}}_t = \frac{X}{\text{Y}}(\hat{p}_{H,t} + \hat{X}_t) - (1-\alpha)\left[(1-\gamma)\frac{C+I+G}{\text{Y}}\widehat{\text{rer}}_t + \frac{C}{\text{Y}}\hat{C}_t + \frac{I}{\text{Y}}\hat{I}_t + \frac{G}{\text{Y}}\hat{G}_t\right] \tag{B-15}$$

$$\hat{X}_t = -\gamma(\hat{p}_{H,t} - \widehat{\text{rer}}_t) \tag{B-16}$$

$$\frac{\text{tb}}{\text{Y}}\widehat{\text{tb}}_t = \frac{m^*}{\text{Y}}(\hat{m}_t^* - \hat{m}_{t-1}^* + \hat{\pi}_t) \tag{B-17}$$

$$\frac{\widehat{\text{ca}}_t}{\text{Y}} = \frac{m^*}{\text{Y}}(\hat{m}_t^* - \hat{m}_{t-1}^* + \hat{\pi}_t) \tag{B-18}$$

$$\tau \hat{G}_t = \tau \hat{Y}_t + \frac{m}{Y}(\hat{m}_t - \hat{m}_{t-1} + \hat{\pi}_t) \tag{B-19}$$

$$\hat{Y}_t = \hat{p}_{H,t} + \hat{Y}_{H,t} \tag{B-20}$$

$$\frac{Y_H}{Y}\hat{Y}_{H,t} = \alpha\left[\frac{C}{Y}\hat{C}_t + \frac{I}{Y}\hat{I}_t + \frac{G}{Y}\hat{G}_t - \gamma\frac{C+I+G}{Y}\hat{p}_{H,t}\right] + \frac{X}{Y}\hat{X}_t \tag{B-21}$$

$$\hat{G}_t = \rho_1 \hat{Y}_t \tag{B-22}$$

$$\hat{\mathrm{tot}}_t = \hat{\mathrm{rer}}_t - \hat{p}_{H,t} \tag{B-23}$$

$$\hat{\mathrm{EX}}_t = \hat{p}_{H,t} + \hat{X}_t \tag{B-24}$$

$$\frac{\mathrm{IM}}{Y}\hat{\mathrm{IM}}_t = (1-\alpha)\left[(1-\gamma)\left(\frac{C}{Y} + \frac{I}{Y} + \frac{G}{Y}\right)\hat{\mathrm{rer}}_t + \frac{C}{Y}\hat{C}_t + \frac{I}{Y}\hat{I}_t + \frac{G}{Y}\hat{G}_t\right] \tag{B-25}$$

$$v_t^m = \rho_m v_{t-1}^m + a_t \tag{B-26}$$

附录　C

$$\widehat{K}_{t+1} = (1-\delta)\widehat{K}_t + \delta \widehat{I}_t \tag{C-1}$$

$$\widehat{K}^*_{t+1} = (1-\delta)\widehat{K}^*_t + \delta \widehat{I}^*_t \tag{C-2}$$

$$(1-\beta)\varepsilon \widehat{m}_t = \sigma \widehat{C}_t - \beta(\sigma \widehat{C}_{t+1} + \widehat{\pi}_{t+1}) \tag{C-3}$$

$$(1-\beta)\varepsilon \widehat{m}^*_{F,t} = \sigma \widehat{C}^*_t - \beta(\sigma \widehat{C}^*_{t+1} + \widehat{\pi}^*_{t+1}) \tag{C-4}$$

$$(1-\beta)[v^m_t - \varepsilon(\widehat{m}_{F,t} + \widehat{\mathrm{rer}}_t)] = -\sigma \widehat{C}_t - \beta(-\sigma \widehat{C}_{t+1} - \widehat{\pi}_{t+1}) \tag{C-5}$$

$$\widehat{w}_t - \sigma \widehat{C}_t = \frac{H}{1-H}\widehat{H}_t \tag{C-6}$$

$$\widehat{w}^*_t - \sigma \widehat{C}^*_t = \frac{H^*}{1-H^*}\widehat{H}^*_t \tag{C-7}$$

$$\sigma \widehat{C}_t + \varphi(\widehat{K}_{t+1} - \widehat{K}_t) = [1-\beta(1-\delta)]\widehat{R}^k_{t+1} + \beta\varphi(\widehat{K}_{t+2} - \widehat{K}_{t+1}) + \sigma \widehat{C}_{t+1} \tag{C-8}$$

$$\sigma \widehat{C}^*_t + \varphi(\widehat{K}^*_{t+1} - \widehat{K}^*_t) = [1-\beta(1-\delta)]\widehat{R}^{k*}_{t+1} + \beta\varphi(\widehat{K}^*_{t+2} - \widehat{K}^*_{t+1}) + \sigma \widehat{C}^*_{t+1} \tag{C-9}$$

$$\alpha (p_H)^{1-\gamma}\widehat{p}_{H,t} + (1-\alpha)(\mathrm{rer}\, p^*_F)^{1-\gamma}(\widehat{\mathrm{rer}}_t + \widehat{p}^*_{F,t}) = 0 \tag{C-10}$$

$$\alpha (p^*_F)^{1-\gamma}\widehat{p}^*_{F,t} + (1-\alpha)\left(\frac{p_H}{\mathrm{rer}}\right)^{1-\gamma}(\widehat{p}_{H,t} - \widehat{\mathrm{rer}}_t) = 0 \tag{C-11}$$

$$\frac{\widehat{\mathrm{gh}}^1_t}{1-\xi\beta} = -\sigma \widehat{C}_t + \widehat{Y}_{H,t} + \theta \widehat{p}_{H,t} - \theta \widehat{\pi}_{h,t} + \frac{\xi\beta}{1-\xi\beta}\widehat{\mathrm{gh}}^1_{t+1} \tag{C-12}$$

$$\frac{\widehat{\mathrm{gh}}^2_t}{1-\xi\beta} = -\sigma \widehat{C}_t + \widehat{Y}_{H,t} + \theta \widehat{p}_{H,t} + \widehat{\mathrm{mc}}_t - (\theta+1)\widehat{\pi}_{h,t} + \frac{\xi\beta}{1-\xi\beta}\widehat{\mathrm{gh}}^2_{t+1} \tag{C-13}$$

$$\widehat{\mathrm{gh}}^1_t = \widehat{\mathrm{gh}}^2_t \tag{C-14}$$

$$\frac{\widehat{\mathrm{gf}}^1_t}{1-\xi\beta} = -\sigma \widehat{C}^*_t + \widehat{Y}_{F,t} + \theta \widehat{p}^*_{F,t} - \theta \widehat{\pi}_{f,t} + \frac{\xi\beta}{1-\xi\beta}\widehat{\mathrm{gf}}^1_{t+1} \tag{C-15}$$

$$\frac{\widehat{\mathrm{gf}}^2_t}{1-\xi\beta} = -\sigma \widehat{C}^*_t + \widehat{Y}_{F,t} + \theta \widehat{p}^*_{F,t} + \widehat{\mathrm{mc}}^*_t - (\theta+1)\widehat{\pi}_{f,t} + \frac{\xi\beta}{1-\xi\beta}\widehat{\mathrm{gf}}^2_{t+1} \tag{C-16}$$

$$\widehat{\mathrm{gf}}^1_t = \widehat{\mathrm{gf}}^2_t \tag{C-17}$$

$$\hat{p}_{H,t} = \xi(\hat{p}_{H,t-1} - \hat{\pi}_t) + (1-\xi)\hat{\pi}_{h,t} \quad (C-18)$$

$$\hat{p}^*_{F,t} = \xi(\hat{p}^*_{F,t-1} - \hat{\pi}^*_t) + (1-\xi)\hat{\pi}_{f,t} \quad (C-19)$$

$$\widehat{\mathrm{mc}}_t = \eta \hat{r}^k_t + (1-\eta)\hat{w}_t \quad (C-20)$$

$$\widehat{\mathrm{mc}}^*_t = \eta \hat{r}^{k*}_t + (1-\eta)\hat{w}^*_t \quad (C-21)$$

$$\hat{K}_t - \hat{H}_t = \hat{w}_t - \hat{r}^k_t \quad (C-22)$$

$$\hat{K}^*_t - \hat{H}^*_t = \hat{w}^*_t - \hat{r}^{k*}_t \quad (C-23)$$

$$\hat{Y}_{H,t} = \eta \hat{K}_t + (1-\eta)\hat{H}_t \quad (C-24)$$

$$\hat{Y}_{F,t} = \eta \hat{K}^*_t + (1-\eta)\hat{H}^*_t \quad (C-25)$$

$$\frac{\widehat{\mathrm{tb}}_t}{Y} = (1-n)(1-\alpha)\frac{Y^*}{Y}\{\frac{C^*}{Y^*}[\hat{C}^*_t + (1-\gamma)(\hat{p}_{H,t} - \widehat{\mathrm{rer}}_t)] + \frac{I^*}{Y^*}[\hat{I}^*_t + (1-\gamma)(\hat{p}_{H,t} - \widehat{\mathrm{rer}}_t)] + \frac{G^*}{Y^*}[\hat{G}^*_t + (1-\gamma)(\hat{p}_{H,t} - \widehat{\mathrm{rer}}_t)]\} - n(1-\alpha)\{\frac{C}{Y}[\hat{C}_t + (1-\gamma)(\widehat{\mathrm{rer}}_t + \hat{p}^*_{F,t})] + \frac{I}{Y}[\hat{I}_t + (1-\gamma)(\widehat{\mathrm{rer}}_t + \hat{p}^*_{F,t})] + \frac{G}{Y}[\hat{G}_t + (1-\gamma)(\widehat{\mathrm{rer}}_t + \hat{p}^*_{F,t})]\} \quad (C-26)$$

$$\frac{\widehat{\mathrm{tb}}^*_t}{Y^*} = n(1-\alpha)\frac{Y}{Y^*}\{\frac{C}{Y}[\hat{C}_t + (1-\gamma)\hat{p}^*_{F,t} - \gamma\,\widehat{\mathrm{rer}}_t] + \frac{I}{Y}[\hat{I}_t + (1-\gamma)\hat{p}^*_{F,t} - \gamma\,\widehat{\mathrm{rer}}_t] + \frac{G}{Y}[\hat{G}_t + (1-\gamma)\hat{p}^*_{F,t} - \gamma\,\widehat{\mathrm{rer}}_t]\} - (1-n)(1-\alpha)\{\frac{C^*}{Y^*}[\hat{C}^*_t + (1-\gamma)(\hat{p}_{H,t} - \widehat{\mathrm{rer}}_t)] + \frac{I^*}{Y^*}[\hat{I}^*_t + (1-\gamma)(\hat{p}_{H,t} - \widehat{\mathrm{rer}}_t)] + \frac{G^*}{Y^*}[\hat{G}^*_t + (1-\gamma)(\hat{p}_{H,t} - \widehat{\mathrm{rer}}_t)]\} \quad (C-27)$$

$$\frac{\widehat{\mathrm{tb}}_t}{Y^*} = \frac{m_F}{Y^*}(\hat{m}_{F,t} - \hat{m}_{F,t-1} + \hat{\pi}^*_t) \quad (C-28)$$

$$\frac{\widehat{\mathrm{tb}}^*_t}{Y^*} = \frac{m_F}{Y^*}(\hat{m}_{F,t-1} - \hat{m}_{F,t} - \hat{\pi}^*_t) \quad (C-29)$$

$$\frac{\widehat{\mathrm{ca}}_t}{Y^*} = \frac{m_F}{Y^*}(\hat{m}_{F,t} - \hat{m}_{F,t-1} + \hat{\pi}^*_t) \quad (C-30)$$

$$\frac{\widehat{\mathrm{ca}}^*_t}{Y^*} = \frac{m_F}{Y^*}(\hat{m}_{F,t-1} - \hat{m}_{F,t} - \hat{\pi}^*_t) \quad (C-31)$$

$$\hat{Y}_t = \hat{p}_{H,t} + \hat{Y}_{H,t} \quad (C-32)$$

$$\hat{Y}^*_t = \hat{P}^*_{F,t} + \hat{Y}_{F,t} \quad (C-33)$$

$$\frac{Y_H}{Y}\hat{Y}_{H,t}=n\alpha\left[\frac{C}{Y}(\hat{C}_t-\gamma\hat{p}_{H,t})+\frac{I}{Y}(\hat{I}_t-\gamma\hat{p}_{H,t})+\frac{G}{Y}(\hat{G}_t-\gamma\hat{p}_{H,t})\right]+(1-n)(1-\alpha)\frac{Y^*}{Y}$$

$$\left\{\frac{C^*}{Y^*}[\hat{C}_t^*-\gamma(\hat{p}_{H,t}-\hat{\text{rer}}_t)]+\frac{I^*}{Y^*}[\hat{I}_t^*-\gamma(\hat{p}_{H,t}-\hat{\text{rer}}_t)]+\frac{G^*}{Y^*}[\hat{G}_t^*-\gamma(\hat{p}_{H,t}-\hat{\text{rer}}_t)]\right\} \quad (C-34)$$

$$\frac{G}{Y}\hat{G}_t=\tau\hat{Y}_t+\frac{m}{Y}(\hat{m}_t-\hat{m}_{t-1}+\hat{\pi}_t) \quad (C-35)$$

$$\frac{G^*}{Y^*}\hat{G}_t^*=\tau\hat{Y}_t^*+\frac{m^*}{Y^*}(\hat{m}_t^*-\hat{m}_{t-1}^*+\hat{\pi}_t^*) \quad (C-36)$$

$$\frac{m^*}{Y^*}\hat{m}_t^*=\frac{m_F}{Y^*}\hat{m}_{F,t}+\frac{m_F^*}{Y^*}\hat{m}_{F,t}^* \quad (C-37)$$

$$\hat{G}_t=\rho_1\hat{Y}_t \quad (C-38)$$

$$\hat{G}_t^*=\rho_2\hat{Y}_t^* \quad (C-39)$$

$$v_t^m=\rho_m v_{t-1}^m+a_t \quad (C-40)$$

参考文献

白钦先，禹钟华，2011. 国际货币体系改革的国际政治视角分析[J]. 区域金融研究(06)：4－9.

包群，阳佳余，2008. 金融发展影响了中国工业制成品出口的比较优势吗[J]. 世界经济(03)：21－33.

曹强，虞文美，2016. 金融结构与经常账户失衡研究：基于跨国面板数据的研究[J]. 国际贸易问题(03)：139－150.

陈继勇，周琪，2011. 经济增长动力耦合与全球经济再平衡[J]. 武汉大学学报(哲学社会科学版)，64(06)：5－10.

付争，2012. 金融市场差异与全球经济失衡[J]. 世界经济研究(7)：10－16.

何帆，2005. 国际货币体系中的美元霸权因素及其影响[J]. 中国外汇管理(06)：13－15.

黄范章，2010. G20集团与国际货币体系改革[J]. 金融研究(2)：44－51.

黄晓龙，2007. 全球失衡、流动性过剩与货币危机：基于非均衡国际货币体系的分析视角[J]. 金融研究(8)：31－46.

雷达，赵勇，2009. 中美经济失衡的性质及调整：基于金融发展的视角[J]. 世界经济(1)：62－71.

李稻葵，梅松，2009. 美元M2紧缩诱发世界金融危机：金融危机的内外因论及其检验[J]. 世界经济(4)：15－26.

李稻葵，2010. 国际货币体系新架构：后金融危机时代的研究[J]. 金融研究(2)：31－43.

李俊青，韩其恒，2010. 不完全资本市场、国际贸易失衡与个体福利[J]. 世界经济(9)：46－66.

李俊青，韩其恒，2011. 不完全金融市场、海外资产结构与国际贸易[J]. 经济研究(2)：31－43.

李若谷，2010. 金融危机与国际货币体系改革[J]. 中国金融(5)：32－33.

李向阳，2009. 国际金融危机与国际贸易、国际金融秩序的发展方向[J]. 经济研究(11)：47－53.

李扬,何海峰,2009.美国经常账户失衡:表现、理论与政策:兼驳伯南克“世界储蓄过剩”论[J].国际金融研究(12):4-13.

刘钻石,张娟,2018.国际分工与外部失衡[J].财贸研究,29(10):49-63.

茅锐,徐建炜,姚洋,2012.经常账户失衡的根源:基于比较优势的国际分工[J].金融研究(12):23-37.

梅冬州,龚六堂,2011.新兴市场经济国家的汇率制度选择[J].经济研究(11):73-88.

倪克勤,曹伟,2006.国际收支与金融市场效率问题的探讨[J].广东金融学院学报(05):51-57.

裴长洪,2010.国际货币体系改革与人民币国际地位[J].国际贸易(06):27-33.

齐俊妍,2005.金融发展与贸易结构:基于HO模型的扩展分析[J].国际贸易问题(7):15-19.

施炳展,齐俊妍,2011.金融发展、企业国际化形式与贸易收支[J].世界经济(5):42-73.

谭之博,赵岳,2012.银行集中度、企业储蓄与经常账户失衡[J].经济研究,47(12):55-68.

唐朱昌,丁骋骋,2008.法律制度、资本流动与国际收支失衡:基于法与金融学的视角[J].财经论丛(01):43-50.

佟家栋,云蔚,彭支伟,2011.新型国际分工、国际收支失衡与金融创新[J].南开经济研究(3):3-15.

王道平,2012.基于国际货币体系不对称的中国经济内外失衡研究[D].天津:南开大学.

王厚双,李艳秀,2015.全球经济失衡与全球经济再平衡研究新进展[J].经济学家(03):84-92.

王叙果,2006.金融约束:经常项目失衡分析的新思路[J].财贸经济(9):86-89.

夏斌,陈道富,2006.国际货币体系失衡下的中国汇率政策[J].经济研究(2):4-15.

徐建炜,姚洋,2010.国际分工新形态、金融市场发展与全球失衡[J].世界经济,33(03):3-30.

杨盼盼,徐建炜,2014.“全球失衡”的百年变迁:基于经验数据与事实比较的分析[J].经济学(季刊),13(02):625-646.

杨珍增,陆建明,2011.金融发展、国际分工与全球失衡[J].世界经济研究(03):21-27.

余永定,覃东海,2006.中国的双顺差:性质根源和解决办法[J].世界经济(3):31-41.

余永定，2009. 国际货币体系改革和中国外汇储备资产保值[J]. 国际经济评论(5)：12－18.

袁志刚，邵挺，2010. 重构国际货币体系的内在力量来自何处[J]. 世界经济研究(5)：14－21.

翟晓英，刘维奇，2012. 中国经常账户失衡问题研究：基于金融发展程度-消费-经常账户路径[J]. 国际金融研究(08)：38－49.

张斌，2008. 金融危机中几个热点问题[J]. 世界经济与政治(12)：9－11.

张明，2009. 次贷危机对当前国际货币体系的冲击[J]. 世界经济与政治(06)：74－80.

张明，2010. 国际货币体系改革：背景、原因、措施及中国的参与[J]. 国际经济评论(01)：114－137.

张若雪，袁志刚，2010. 技术创新能力、金融市场效率与外部经济失衡[J]. 金融研究(12)：57－66.

张伟进，方振瑞，2013. 金融冲击与中国经济波动[J]. 南开经济研究(5)：3－20.

张伟进，方振瑞，2014. 我国通货膨胀成因解析：基于开放经济体 DSGE 模型的研究[J]. 南方经济(12)：1－18.

张伟进，胡春田，2014. 我国货币政策的城乡区域不对称效应研究[J]. 商业经济与管理(02)：66－76.

张云，刘骏民，2010. 从美元本位制到双本位国际货币体系：全球金融失衡和动荡的根源[J]. 南京社会科学(04)：22－28.

中国经济增长与宏观稳定课题组，2009. 全球失衡、金融危机与中国经济的复苏[J]. 经济研究(5)：4－20.

周小川，2009. 关于改革国际货币体系的思考[J]. 中国金融(7)：8－9.

朱彤，郝宏杰，秦丽，2007. 中国金融发展与对外贸易比较优势关系的经验分析：一种外部融资支持的视角[J]. 南开经济研究(03)：124－131.

祝丹涛，2007. 国际货币体系和全球经济失衡[J]. 中国发展观察(11)：46－49.

祝丹涛，2008. 金融体系效率的国别差异和全球经济失衡[J]. 金融研究(8)：29－38.

ALFARO L, KALEMLI-OZCAN S, VOLOSOVYCH V, 2008. Why doesn't capital flow from rich to poor countries? an empirical investigation[J]. The Review of Economics and Statistics, 90(2)：347－368.

ANDREAS S, 2014. Current account balance and dollar standard: exploring the linkages[J]. Journal of International Money and Finance(41)：65－94.

ANGELETOS G, CALVET L, 2006. Idiosyncratic production risk, growth and the business cycle[J]. Journal of Monetary Economics(53)：1095－1115.

ANGELETOS G, PANOUSI V, 2011. Financial integration, entrepreneurial risk and global dynamics[J]. Journal of Economic Theory(146): 863 - 896.

ANGELETOS G, 2007. Uninsured idiosyncratic investment risk and aggregate saving[J]. Review of Economic Dynamics(10): 1 - 30.

ANGELONI I, BÉNASSY-QUÉRÉ A, CARTON B, et al, 2011. Global currencies for tomorrow: a European perspective[J]. CEPII Research Report.

ANTRÀS P, CABALLERO R J, 2009. Trade and capital flows: a financial frictions perspective[J]. Journal of Political Economy, 117(4): 701 - 744.

AOKI K, BENIGNO G, NOBUHIRO K, 2010. Adjusting to capital account liberalization[J]. CEPR Discussion Paper No. DP8087.

AVDJIEV S, MCCAULEY R N, SHIN H, 2016. Breaking free of the triple coincidence in international finance[J]. Economic Policy, 31(87): 409 - 451.

BACCHETTA P, BENHIMA K, 2010. The demand for liquid assets, corporate saving, and global imbalances[J]. University of Lausanne, Working Paper.

BAI C E, QIAN Z, 2010. The factor income distribution in China: 1978—2007[J]. China Economic Review, 21(4): 650 - 670.

BALDWIN R, 1989. Exporting the capital markets: comparative advantage and capital market imperfection [M]//The convergence of international and domestic markets. Amsterdam: North-Holland.

BAO Q, YANG J, 2009. Is financial development another source of comparative advantage evidence from China[J]. China & World Economy, 17(2): 15 - 34.

BASU S, KIMBALL M S, 1997. Cyclical productivity with unobserved input variation[J]. NBER Working Paper 5915.

BECK T, LEVINE R, 2002. Industry growth and capital allocation: does having a market-or bank-based system matter? [J]. Journal of Financial Economics (64): 147 - 180.

BECK T, 2002. Financial development and international trade: is there a link? [J]. Journal of International Economics(57): 107 - 131.

BECK T, 2003. Financial dependence and international trade [J]. Review of International Economics, 11(2): 296 - 316.

BÉNASSY-QUÉRÉA, CARTON B, GAUVIN L, 2013. China and global rebalancing: a two-country approach[J]. China Economic Review(26): 118 - 139.

BENHIMA K, 2013. A reappraisal of the allocation puzzle through the portfolio approach[J]. Journal of International Economics, 89(2): 331 - 346.

BERGIN P R, 2003. Putting the new open economy macroeconomics to a test[J].

Journal of International Economics, 60(1): 3 - 34.

BERMAN N, HERICOURT J, 2008. Financial factors and the margins of trade: evidence from cross-country firm level data [J]. Journal of Development Economics, 93(2): 206 - 217.

BERNANKE B S, 2005. The global saving glut and the U. S. current account deficit[Z]. At the Sandridge Lecture, Virginia Association of Economists, Richmond, Virginia.

BETTS C, DEVEREUX M B, 2000. Exchange rate dynamics in a model of pricing-to-market[J]. Journal of International Economics(50): 215 - 244.

BONFIGLIOLIA, 2008. Financial integration, productivity and capital accumulation[J]. Journal of International Economics, 76(2): 337 - 355.

BORIO C, DISYATAT P, 2010. Global imbalances and the financial crisis: reassessing the role of international finance[J]. Asian Economic Policy Review (5): 198 - 216.

BORIO C, DISYATAT P, 2011. Global imbalances and the financial crisis: link or no link? [J]. BIS Working Papers No. 346.

BOYD J H, SMITH B D, 1997. Capital market imperfections, international credit markets, and nonconvergence[J]. Journal of Economic Theory, 73(2): 335 - 364.

CABALLERO R J, FARHI E, GOURINCHAS P, 2008. An equilibrium model of "global imbalances" and low interest rates[J]. American Economic Review, 98 (1): 358 - 393.

CALVO G A, 1983. Staggered prices in a utility-maximizing framework [J]. Journal of Monetary Economics, 12(3): 383 - 398.

CAMPBELL J Y, VICEIRA L M, 2002. Strategic asset allocation: portfolio choice for long-term investors[M]. New York: Oxford University Press.

CHARI V V, KEHOE P J, MCGRATTAN E R, 2002. Can sticky price models generate volatile and persistent real exchange rates[J]. Review of Economic Studies(69): 533 - 563.

CHEUNG C, FURCERI D, RUSTICELLI E, 2013. Structural and cyclical factors behind current account balances[J]. Review of International Economics, 21(5): 923 - 944.

CHINN M D, ITO H, 2006. What matters for financial development capital controls, institutions, and interactions[J]. Journal of Development Economics (81): 163 - 192.

CHINN M D, ITO H, 2008. A new measure of financial openness[J]. Journal of

Comparative Policy Analysis,3(10):309 - 322.

CHRISTIANO L J, EICHENBAUM M, EVANS C L, 2005. Nominal rigidities and the dynamic effects of a shock to monetary policy[J]. Journal of Political Economy,113(1):1 - 45.

IHÁK M,DEMIRGÜÇ-KUNT A,FEYEN E,et al,2012. Benchmarking financial systems around the world[J]. World Bank Policy Research Working Paper, No. 6175.

COEURDACIER N,GUIBAUD S,JIN K,2015. Credit constraints and growth in a global economy[J]. American Economic Review,9(105):2838 - 2881.

COEURDACIER N,REY H,WINANT P,2019. Financial integration and growth in a risky world[J]. Journal of Monetary Economics(112):1 - 21.

CORNELI F,2009. The saving glut explanation of global imbalances: the role of underinvestment[J]. EUI Working Paper ECO 2009/41.

CORNELIF,2017. Medium and long term implications of financial integration without financial development[J]. Working Papers No. 1120.

DAUDE C, FRATZSCHER M, 2008. The pecking order of cross-border investment[J]. Journal of International Economic,74(1):94 - 119.

DJANKOV S,PORTA R L,LOPEZ-DE-SILANES F,et al,2002. The regulation of entry[J]. The Quarterly Journal of Economics,117(1):1 - 37.

DO Q,LEVCHENKO A A,2004. Trade and financial development[J]. Woking Paper 3347.

DO Q, LEVCHENKO A A, 2007. Comparative advantage, demand for external finance,and financial development[J]. Journal of Financial Economics,86(3): 796 - 834.

DOOLEY M P, FOLKERTS-LANDAU D, GARBER P, 2003. An essay on the revived bretton woods system[J]. NBER Working Paper 9971.

DOOLEY M P, FOLKERTS-LANDAU D, GARBER P, 2004. The revived bretton woods system[J]. International Journal of Finance and Economics(9): 307 - 313.

DOOLEY M, FOLKERTS-LANDAU D, GARBER P, 2004. The U. S. current account deficit and economic development: collateral for a total return swap[J]. NBER Working Paper No. 10727.

DOOLEY M,FOLKERTS-LANDAU D,GARBER P,2009. Bretton woods II still defines the international monetary system[J]. Pacific Economic Review,14(3): 297 - 311.

EDWARDS S, 1996. Why are latin America's savings rates so low? an international comparative analysis[J]. Journal of Development Economics, 51(1): 5 - 44.

EICHENGREEN B, 2004. Global imbalances and the lessons of bretton woods [J]. NBER Working Paper 10497.

EPSTEIN L G, ZIN S E, 1989. Substitution, risk aversion, and the temporal behavior of consumption and asset returns: a theoretical framework [J]. Econometrica, 57(4): 937 - 969.

FERRERO A, 2012. House price booms, current account deficits, and low interest rates[Z]. Federal Reserve Bank of New York Staff Reports, No. 541.

FERRUCCI G, MIRALLES C, 2007. Saving behaviour and global imbalances: the role of emerging market economies[J]. ECB Working Paper, No. 842.

FIORENTINI R, MONTANI G, 2010. Global imbalances and the transition to a symmetric world monetary system[J]. Perspective Technologies and Perspectives on Federalism, 2(1): 1 - 42.

GERTLER M, ROGOFF K, 1990. North-south lending and endogenous domestic capital market inefficiencies[J]. Journal of Monetary Economics(26): 245 - 266.

GOLDSMITH R, 1969. Financial structure and development[M]. New Haven: Yale University Press.

GORDON R H, BOVENBERG A L, 1996. Why is capital so immobile internationally? possible explanations and implications for capital income taxation [J]. American Economic Review, 86(5): 1057 - 1075.

GOURINCHAS P, JEANNE O, 2013. Capital flows to developing countries: the allocation puzzle[J]. Review of Economic Studies(80): 1484 - 1515.

GREENWALD B, STIGLITZ J. A modest proposal for international monetary reform[J]. Initiative for Policy Dialogue Working Paper Series, 2009.

GRUBER J W, KAMIN S B, 2007. Explaining the global pattern of current account imbalances[J]. Journal of International Money and Finance(26): 500 - 522.

HAGEN V J, ZHANG H, 2014. Financial development, international capital flows, and aggregate output[J]. Journal of Development Economics(106): 66 - 77.

HALL R, 1988. Intertemporal substitution in consumption[J]. Journal of Political Economy(96): 339 - 357.

HUNT C, 2008. Financial turmoil and global imbalances: the end of bretton woods II[J]. Reserve Bank of New Zealand: Bulletin, 71(3): 107 - 113.

ITO H, MCCAULEY R N. A key currency view of global imbalances[J]. Journal of International Money and Finance, 2019, 94(JUN.): 97 - 115.

ITO H,CHINN M D,2007. Current account balances,financial development and institutions: assaying the world "saving glut"[J]. Journal of International Money and Finance,26(4):546 - 569.

JU J D, WEIS, 2005. Endowment versus finance: a wooden barrel theory of international trade[J]. CEPR Discussion Paper No. 5109.

JU J D, WEI S, 2010. Domestic institutions and the bypass effect of financial globalization[J]. Economic Policy,4(2):173 - 204.

JU J D,WEI S,2011. When is quality of financial system a source of comparative advantage[J]. Journal of International Economics(84):178 - 187.

KLETZER K,BARDHAN P,1987. Credit markets and patterns of international trade[J]. Journal of Development Economics,27(1):57 - 70.

KOLLMANN R,2001. The exchange rate in a dynamic-optimizing business cycle model with nominal rigidities: a quantitative investigation [J]. Journal of International Economics(55):243 - 262.

LEIBOVICI F,2018. Financial development and international trade[J]. Working Paper 2018 - 015A.

LIN J Y,DINH H T,IM F,2010. US - China external imbalance and the global financial crisis[J]. China Economic Journal(3):1 - 24.

LOAYZA N, SCHMIDT-HEBBEL K, SERVÉN L, 2000. What drives private saving across the world? [J]. Review of Economics and Statistics,82(2):165 - 181.

LUCAS R E,1990. Why doesn't capital flow from rich to poor countries? [J]. American Economic Review,80(2):92 - 96.

MANOVA K, WEI S J, ZHANG Z W, 2015. Firm exports and multinational activities under credit constraints[J]. Review of Economics and Statistics, 97 (3):574 - 588.

MANOVA K, 2007. Credit constraints, heterogeneous firms, and international trade[J]. Working Paper14531.

MANOVA K, 2008. Credit constraints, equity market liberalizations and international trade[J]. Journal of International Economics(76):33 - 47.

MAO R,YAO Y,2012. Manufacturing-finance comparative advantage and global imbalances[J]. CCER Working Paper No. E2012004.

MARTIN P,REY H,2004. Financial super-markets: size matters for asset trade [J]. Journal of International Economics(64):335 - 361.

MATSUYAMA K,2004. Financial market globalization,symmetry-breaking and endogenous inequality of nations[J]. Econometrica,72(3):853 - 884.

MATSUYAMA K, 2005. Credit market imperfections and patterns of international trade and capital flows[J]. Journal of the European Economic Association, 2(3):714 - 723.

MCKINNON R I, 1973. Money and capital in economic development [M]. Washington: Brookings Institution Press.

MCKINNON R I, 2001. The international dollar standard and the sustainability of the U. S. current account deficit[J]. Brookings Papers on Economic Activity (1):227 - 239.

MCKINNON R I, 2005. Trapped by the international dollar standard[J]. Journal of Policy Modeling, (27):477 - 485.

MeNDOZA E G, QUADRINI V, RÍOS-RULL J, 2007. On the welfare implications of financial globalization without financial development[J]. NBER International Seminar on Macroeconomics(23):283 - 322.

MENDOZA E G, QUADRINI V, RÍOS-RULL V, 2009. Financial integration, financial development, and global imbalances[J]. Journal of Political Economy, 117(3):371 - 416.

MERTON R, 1969. Lifetime portfolio selection under uncertainty: the continuous-time case[J]. Review of Economics(51):247 - 257.

MORAL-BENITO E, ROEHN O, 2016. The impact of financial regulation on current account balances[J]. European Economic Review(81):148 - 166.

MOSKOWITZ T J, VISSING-JØRGENSEN A, 2002. The returns to entrepreneurial investment: a private equity premium puzzle [J]. American Economic Review(92):745 - 778.

MUNDELL R, 2007. Dollar standards in the dollar era[J]. Journal of Policy Modeling(29):677 - 690.

OBSTFELD M, ROGOFF K S, 2005. The unsustainable US current account position revisited[J]. Cepr Discussion Papers(1):503 - 536.

OBSTFELD M, ROGOFF K, 1995. Exchange rate dynamics redux[J]. Journal of Political Economy, 103(3):624 - 660.

OBSTFELD M, ROGOFF K, 2009. Global imbalances and the financial crisis: products of common causes[Z]. Santa Barbara: The Federal Reserve Bank of San Francisco Asia Economic Policy Conference.

PRASAD E S, 2011. Rebalancing growth in Asia[J]. International Finance, 1(14):27 - 66.

PRASAD E, RAJAN R, SUBRAMANIAN A, 2006. Patterns of international capital flows and their implications for economic development [J]. Proceedings-Economic Policy Symposium-Jackson Hole, Federal Reserve Bank of Kansas City(28):119 - 158.

PRASAD E,RAJAN R,SUBRAMANIAN A,2007. Foreign capital and economic growth[J]. Brookings Papers on Economic Activity(1):153 - 230.

ROUBINI N,SETSER B,2005. Will the bretton woods 2 regime unravel soon? the risk of a hard landing in 2005—2006[J]. Proceedings,Federal Reserve Bank of San Francisco(1):90 - 98.

SAMUELSON P A, 1969. Lifetime portfolio selection by dynamic stochastic programming[J]. Review of Economics(51):239 - 246.

SANDRI D,2010. Growth and capital flows with risky entrepreneurship[J]. IMF Working Paper,WP/10/37.

SANDRI D, 2014. Growth and capital flows with risky entrepreneurship [J]. American Economic Journal:Macroeconomics,6(3):102 - 123.

SCHMITZ B, HAGEN J V, 2011. Current account imbalances and financial integration in the Euro Area[J]. Journal of International Money and Finance (30):1676 - 1695.

SHAW E S,1973. Financial deepening in economic development[M]. New York: Oxford University Press.

SHAW E,1973. Financial deepening in economic development[M]. New York: Oxford University Press.

SHLEIFER A,WOLFENZON D,2002. Investor protection and equity marke[J]. Journal of Financial Economics,66(1):3 - 27.

SMAGHI L B,2007. Global imbalances and monetary policy[J]. Journal of Policy Modeling(29):711 - 727.

SMETS F,WOUTERS R,2005. Comparing shocks and frictions in US and Euro area business cycles: a bayesian DSGE approach [J]. Journal of Applied Economics,20(2):161 - 183.

SONG Z, STORESLETTEN K, ZILIBOTTI F, 2011. Growing like China [J]. American Economic Review(101):202 - 241.

STULZ R M,2005. The limits of financial globalization[J]. Journal of Finance,60(4):1595 - 1638.

SVALERYD H,VLACHOS J,2005. Financial markets,the pattern of industrial specialization and comparative advantage: evidence from OECD countries[J]. European Economic Review(49):113 - 144.

TAN Z, YAO Y, WEI S, 2015. Financial structure, corporate savings and current account imbalances[J]. Journal of International Money and Finance(54):142 - 167.

TRUMAN E M,2010. The international monetary system and global imbalances [J]. Economics,Management,and Financial Markets,5(4):93 - 105.

UNGER R,2017. Asymmetric credit growth and current account imbalances in the Euro area[J]. Journal of International Money and Finance(73):435 - 451.

WARNOCK F E,1998. Idiosyncratic tastes in a two-country optimizing model: implications of a standard presumption[Z]. International Finance Discussion Paper 631,Board of Governors of the Federal Reserve.

WEI S, 2006. Connecting two views on financial globalization: can we make further progress? [J]. Journal of the Japanese and International Economies,20 (4):459 - 481.

WILLEN P, 2004. Incomplete markets and trade[J]. Federal Reserve Bank of Boston,Working Papers No. 04 - 8.

WOLF M,2008. Fixing global finance[M]. Baltimore:Johns Hopkins University Press.

WYNNE J, 2005. Wealth as a determinant of comparative advantage[J]. American Economic Review,95(1):226 - 254.

ZHANG R,FANG H,2018. The current international monetary system and global imbalances[J]. Advances in Social Science,Education and Humanities Research (183):77 - 83.